DES VERTES ET DES PAS MÛRES

Jean Epstein

illustrations de Za

maquette de Claudine Combalie

éditions universitaires

ISBN : 978 2 7113 0402 8

A mes parents,
qui m'ont fourni
les deux seuls outils
pédagogiques indispensables :
Confiance et Amour.

et

à Adrien,
qui découvre la vie ...

Jean Epstein

PRÉAMBULE

Des histoires. Des vertes et des pas mûres ! Glanées durant les morceaux de vie que je partage quotidiennement avec des enfants. Des jeunes, âgés de quelques mois, des « vieux » de huit ou dix ans, des de toutes les couleurs...

Et aussi avec des adultes, « professionnels » ou parents.

Tous concernés de près par ces petits « loupiots » qui nous entourent, nous accaparent, et que nous connaissons relativement peu, malgré les livres « mode d'emploi » faisant crouler les rayons des librairies.

Des livres qui, soit dit en passant, contribuent parfois, sous couvert de nous informer, à nous faire plus ou moins peur !

Peur de mal faire. De ne pas être à la hauteur de la situation.

De ne pas être aussi « disponibles » que ce qu'exigent implicitement certains de ces ouvrages dits « éducatifs ».

Des histoires, entrecoupées de quelques réflexions et remarques, que j'ai eues, un beau jour, envie d'écrire, telles quelles, en vrac, sans conclusion ou interprétation, et où chacun pourra puiser, en triant un peu, sa propre substance.

Une façon comme une autre de remettre, si besoin est, nos pendules à l'heure de l'enfance. Loin des théories stéréotypées et des méthodes « idéales » (!?) d'éducation.

Loin, également, de la « perversité » de certaines informations pouvant nous laisser penser que, puisque les premières années de la vie sont si importantes, plus l'enfant va faire d'acquisitions, plus tôt il les fera, et mieux il sera plus tard... (attention, danger ! Ne confondons pas « éveil » et « parcours du combattant » !).

Le propos de ce livre n'est pas de savoir si les enfants aiment ou non Mozart, mais plutôt de s'interroger sur les moyens à mettre en œuvre pour que tel enfant qui porte en lui un Mozart quelconque (quel qu'en soit le domaine et le degré) puisse le faire jaillir au grand jour.
Ceci en tenant compte d'une des plus grandes découvertes de notre siècle (faite simultanément par de multiples chercheurs très recommandables, aux noms se terminant en « giste », en « logue », en « peuthe »... c'est dire !) qui est :

CHAQUE INDIVIDU EST UNIQUE ! *

Unique depuis ses empreintes digitales jusqu'à ses modes d'expression et d'émotion, ses intelligences diverses, etc... De sa naissance jusqu'à sa mort !

Des histoires, en somme, pour pénétrer par l'intérieur le cœur de ce monde de l'enfance qui reste, en grande partie, à découvrir.

Mise en garde : *Les innombrables thèmes abordés dans ce livre ne sont, délibérément, que survolés, voire ébauchés.*
Mon objectif est, avant tout, de suggérer, à travers ces remarques ou anecdotes, des pistes de réflexion qu'il vous reviendra d'approfondir, selon vos choix et priorités, que vous soyez parent ou « professionnel » (ou les deux !) Alors... bon courage à vous !

** Eh bien ! En voilà une mauvaise nouvelle ! Non seulement l'éducation des enfants n'est pas simple, mais si, en plus, il n'y en a pas deux semblables, on n'est pas sortis de l'auberge !!!.*

En guise d'apéritif :

Traîner sa grippe

L'an passé, au mois de décembre, je participais à un débat public ayant pour thème : « L'enfant et le jeu ».

Mois fatidique s'il en est au cours duquel, un peu partout, le Père Noël prépare ses valises.

D'où la confusion régnant, au sein de l'assemblée, entre Jeu et Jouet !

Quatre « spécialistes » étaient installés sur une estrade et répondaient aux questions du public.

Une femme demandait ;
« Quel jouet est-ce que je pourrais acheter pour Noël ? ».

Aussitôt, l'un d'eux s'emparait du micro :
– « Ah ! Voilà, Madame, une bonne question ! C'est pour un garçon ou pour une fille ? ».
– « Un garçon ! ».
– « Très bien, quel âge a-t-il ? ».
– « Six ans ! ».
– « Voyons, voyons... ».
... et la dame se retrouvait informée des trois ou quatre cadeaux « idéaux » pour son grand gars de six ans.

Des jouets sans doute extraordinaires, mais tenant, à priori, bien peu compte de la personnalité, des envies du fils en question, puisqu'il était absent ?

... Et ainsi de suite, pendant près de deux heures ! Les « spécialistes » passant en revue les jeux les meilleurs, selon eux, en fonction de l'âge et du sexe des enfants.

Soirée mortelle !

A la fin du débat, je m'empressais de sortir de la salle, non sans faire une halte dans la pièce d'accueil mise en place pour garder les enfants venus à cette réunion.

Ils jouaient.
Visiblement, ils se posaient moins de questions que les adultes. En tout cas, pas les mêmes.

Mon regard fut attiré par une petite fille âgée d'environ cinq ans, dont le nez coulait un peu, et qui marchait de long en large en tirant une ficelle avec un nœud au bout.

Son « jeu » intrigant m'incita à lui demander ce qu'elle faisait.

Elle me répondit ;

« Je traîne ma grippe ! ».

Ouf ! Grâce à elle, j'étais revenu sur terre !

J'aurais eu envie que le débat reprenne, afin de conseiller aux parents présents d'offrir de *gros* jouets, pour Noël, à leurs enfants. Car, ainsi, ça leur fera de gros cartons. Et comme, souvent, ils préfèrent les cartons... !

Ou, peut-être, d'acheter seulement les cartons !

En outre, j'aurais aimé leur dire de ne surtout pas oublier qu'un enfant, entouré de jouets (fussent-ils « éducatifs » !) peut, aussi avoir envie de traîner sa grippe !

L'ENFANCE, UN MONDE À DÉCOUVRIR.

Les capacités de l'enfant

Connaissons-nous réellement
les capacités des enfants ?
Avons-nous les moyens de les appréhender,
telles qu'elles sont ?
Les compétences des enfants d'aujourd'hui
nous étonnent, comparées à celles
des enfants d'hier, à âge égal.
Que seront-elles, confrontées aux acquisitions
de ceux de demain ?

Personne n'est un bébé

Il y a quelques années, la série télévisée intitulée : « Le Bébé est une personne » a passionné la France.

A juste raison ! Les médias s'intéressaient enfin pour de bon à des questions concernant l'enfance. Progrès !

Mais n'aurait-il pas convenu d'ajouter un point d'interrogation au titre de cette émission en ponctuant : « Le Bébé est une personne. Oui, mais laquelle ? ».

Ceci afin d'éviter la perversité possible d'une telle affirmation.

Je fais en cela allusion à l'éventualité d'une exploitation excessive de cette notion de « personne ».

Fabuleuse appellation que ce « Bébé est une personne » si elle nous incite à découvrir d'un œil neuf ce nouveau-né chez qui d'immenses capacités existent déjà ; recélant des facultés de tous ordres, souvent insoupçonnées, qui justifient d'être aujourd'hui reconnues.

Mais attention, danger !

Car ce bébé qui est, bien sûr, une personne, n'est surtout pas un adulte en modèle réduit !

Ses aptitudes sont grandes ; cependant, beaucoup de chemin lui reste à parcourir pour appréhender et assimiler le monde des adultes.

Ne risque-t-on pas, en effet, de tomber à tous moments, vis-à-vis des enfants, dans deux pièges contradictoires :

• les sous-estimer, en négligeant certaines de leurs compétences ?

• ou, inversement, les sur-estimer, en leur imposant diverses situations qu'ils ne sont pas encore en mesure de comprendre, de vivre ?

Une chose est sûre : personne n'est un bébé !

A nous donc, de discerner prudemment, au jour le jour, chez le tout petit, ce qu'il est prêt ou non à vivre !

Et, dans ce domaine, nous ne sommes pas au bout de nos découvertes !

Le tapis d'eau

J'avais lu et entendu dire que les nourrissons, en collectivité, organisaient peu leurs jeux ensemble.

C'était comme qui dirait du « chacun pour soi ». Un jour, en crèche, dans une section de « petits », je mis au sol un matelas de plastique empli d'eau (je l'avais récupéré dans un service hospitalier où son rôle était d'éviter les escarres).

L'objet à peine en place, un enfant d'environ six mois s'y précipita.

Les sensations que le « tapis d'eau » renvoyait à son corps lui procuraient de toute évidence un grand plaisir.

Quelques minutes plus tard, un autre enfant vint se joindre à lui.

Les mouvements du partenaire le firent monter et descendre en alternance.

Etonnement des deux équipiers qui ne mirent pas longtemps avant de s'apercevoir du phénomène en cause.

Devant mes yeux perplexes, ils inventèrent alors un splendide « tape-cul » pour nourrissons qu'ils ne manquèrent pas d'utiliser durant les jours suivants.

Ce même « tapis » me permit, par ailleurs, de rencontrer un grand physicien de sept mois.

Lui, avait découvert (grâce, sans doute, à de brillantes études intra-utérines) la loi du centre de gravité !

Régulièrement, il venait se placer, sur le matelas, à l'endroit précis où, par une simple pression initiale, il pouvait être bercé durant plusieurs minutes par le mouvement de l'eau.

De quoi décourager les cosmonautes en mal d'apesanteur !

Deux ans = ?

Un nouvel âge semble, depuis quelque temps, avoir été découvert : l'enfant de deux ans !

Auparavant, sans doute, les enfants passaient directement de leur 1er anniversaire au troisième sans transition ?

De ce fait, beaucoup d'adultes en parlent ; la façon la plus fréquente étant de se demander si : « l'enfant de deux ans est mieux à la crèche qu'à l'école maternelle ou inversement ? »

Il y a là, vous l'avouerez, de quoi alimenter pas mal de débats interminables et conflictuels. Les uns, partisans de l'école, assurant que la crèche n'est pas un milieu suffisamment « éducatif » pour un tel enfant, les autres objectant que « la maternelle » accueille trop d'élèves par classe, que l'on ne peut s'occuper de chacun, etc... etc...

Que de bruyantes et brillantes polémiques en perspective !

Qui a tort ? Qui a raison ?
M'attaquent de front à cette question, je me suis livré, armé d'un imposant matériel informatique, à de complexes opérations mathématiques qui m'ont permis de dégager une équation irréfutable ! :

Deux ans = 24 mois

Vérifications faites, on peut retourner la démonstration dans tous les sens, on parvient toujours au même résultat.

Ceci étant admis, il faut bien reconnaître que l'on a beau être un grand gars ou une grande fille de 2 ans, on n'est avant tout qu'un petit être humain de 24 mois.

Or, 24 mois, pour ce qui est du développement de quelqu'un, cela ne veut pas dire grand chose.

On a, à cet âge, le droit ou non d'être propre, le droit de peu parler, etc...

Peut-être conviendrait-il, alors, de se demander plutôt si tel enfant de deux ans est prêt à être intégré dans telle structure, en prenant en compte ses réalités à lui ?

Ce qui n'est, pour le moins, pas toujours simple ! D'autant que j'ai entendu, il y a peu de temps, prononcée par une institutrice dans le cadre d'un Forum sur l'école maternelle, une autre définition de cet âge tout aussi incontournable que l'équation précédente.

A savoir : « Le problème, avec les enfants de deux ans, c'est qu'ils n'ont pas trois ans ! ». La question, on le constate, reste ouverte !

Autonomie = ?

Autonomie : savoir marcher ?

Autonomie : être propre ?

Autonomie : manger seul ?

Autonomie : dormir seul dans sa chambre quand les parents sont absents ?

Autonomie : savoir traverser la rue ?

Autonomie : connaître son nom et son adresse ?

Autonomie : gagner sa vie ?

Autonomie = ...

Mais, au fait, qu'entend-on au juste par « autonomie », et à quel âge un enfant l'est-il ?

(S'il l'est jamais un jour !)

Judith Falk* nous met peut-être sur la voie, quand elle dit :

« L'autonomie n'est pas une fin en soi. Elle n'a de valeur que si elle accompagne de la joie de l'enfant du « Je peux faire ça moi-même ! ».

Une « autonomie » qui n'obéirait qu'aux attentes et aux besoins des adultes de progrès rapides se construirait pour l'enfant sur l'angoisse, sur l'abandon... et ne serait qu'une pseudo-autonomie ! ».

* *Judith Falk : Directrice de l'Institut Loczy, à Budapest.*

LAURENT N'A PAS DE CHANCE

Laurent n'a pas de chance ! Alors qu'il venait tout juste d'avoir quatre ans, son père fut victime d'un accident de voiture. Sa mère, désormais seule pour l'élever, reprit son travail en hâte et, lui, se retrouva du jour au lendemain à l'école maternelle.

Il avait, un an auparavant, acquis « définitivement » (??!) la propreté, à la grande joie de sa famille.

Or, dès les premiers temps à l'école, ce ne fut plus le cas !

Et, de semaine en semaine, cela ne s'arrangea pas, loin de là !

L'Institutrice, tout comme sa mère, ne savait plus à quoi s'en tenir. Il fallait bien se rendre à l'évidence : Laurent était redevenu « sale » à la suite du décès de son père.

Il convenait d'agir vite.

En parler à un psychologue ? Peut-être à un psychanalyste ?

La mère de Laurent cherchait dans tous les livres une éventuelle solution providentielle ? Comment aider son petit à « assimiler tant bien que mal la mort du père ? ».

C'est à ce moment là que je les ai connus, tous les deux.

Informé du problème en cause, j'en discutai avec Laurent.

Violemment, il me répondit (parlant de l'Institutrice) :

– « C'est d'sa faute, à elle ! Quand on veut aller aux cabinets, faut qu'on lui demande du papier !
Et moi, j'veux pas lui demander d'abord ! Alors, j'fais dans ma culotte ! ».

Quelques jours plus tard, nous sommes allés, avec sa mère, voir l'Institutrice en cause.

Renseignements pris, l'histoire du papier hygiénique se révéla exacte : la pauvre enseignante, victime d'une publicité télévisée montrant un enfant en train de dérouler avec délices, d'un bout à l'autre de la pièce, un rouleau de papier rose, s'était vue obligée de supprimer le dit rouleau et, de ce fait, de contingenter le précieux accessoire !

Elle nous affirma que cela ne posait aucun problème aux enfants, et qu'elle leur fournissait, sur demande, autant de papier qu'ils le souhaitaient !

D'un commun accord, devant la réaction de Laurent, une expérience fut tentée : abrogation momentanée de la « loi sur le papier » et remise en place du rouleau, à disposition, dans les WC.

Miracle ! En quelques jours, Laurent fut, de nouveau, « propre » !.

A quoi bon épiloguer sur une telle histoire ?
Disons que Laurent venait d'échapper aux effets pour le moins inopportuns d'une assimilation quelque peu hâtive entre la mort de son père et les « pseudo-symptômes » qui semblaient lui être associés.

Contrairement à sa mère, il n'a, d'ailleurs, nullement eu besoin de psychologue, par la suite, pour affronter, bien que difficilement, sa nouvelle vie sans papa.
... Mais ceci est une autre histoire !

L'agressivité

Problème complexe s'il en est !
Thème à facettes où questions et réponses,
aussi diverses que contradictoires, s'entrecroisent :
– Sur quels critères décide-t-on
qu'un enfant est « agressif » ?
– Quelle est la part des adultes dans
cette agressivité ?
– Un enfant qui « détruit »
doit-il toujours être considéré comme agressif ?
– Certaines agressivités ne sont-elles pas
induites de toutes pièces par les milieux
au sein desquels l'enfant vit ?
– Comment répondre à l'enfant mordeur,
à celui qui agresse systématiquement les autres... ?.
..etc...
Autant de sujets que nous n'aborderons pas ici par la théorie
mais que quelques « petites histoires » pourront
peut-être éclairer de façon inhabituelle.

La tôle sonore

Traditionnellement, lorsque j'arrive dans une crèche collective fonctionnant en « sections », on me conduit dans le groupe des enfants âgés de 1 an à 2 ans, afin de m'y « soumettre le cas » d'un ou plusieurs enfants dits agressifs.

Un beau jour, dans une de ces crèches, l'atmosphère était électrique : tout l'équipe focalisait sur Alexandre, un petit bonhomme de 18 mois qui battait visiblement tous les records de violence !

Dès qu'un autre enfant saisissait un objet, Alexandre lui tombait dessus avec une unique préoccupation : lui arracher des mains ledit objet !

La situation tournait à la catastrophe !

Tous les adultes en parlaient quotidiennement à l'heure de la sieste, ne sachant plus à quel saint se vouer !
... « Alexandre doit avoir des problèmes... »
... « C'est peut-être à la maison que ça ne va pas ? ».
... « Peut-être que ses parents ne s'entendent pas... ! »
... J'en passe et des meilleures !

Coup de chance, j'avais, ce jour-là, dans le coffre de ma voiture, une grande tôle musicale (mesurant deux mètres sur un mètre), qui, accrochée au mur, produisait des sons très variés par simple percussion ou frottement.

En hâte, on installa la tôle dans la crèche et, de par sa nouveauté, elle fit l'attraction du groupe d'enfants.

Toutefois, vu sa taille, personne ne pouvait se l'approprier ?

L'un la martelait à une extrémité, et la tôle produisait un son grave ; un autre la frottait par derrière et un son aigu surgissait du métal !

Un vrai régal !

Très vite, les enfants improvisèrent une composition sonore extrêmement riche, en se répondant, s'imitant, ... en jouant !

Une véritable orchestration !

A ce moment, quelle ne fut pas la surprise des adultes de constater qu'Alexandre, qualifié d'associable quelques instants auparavant, était le chef d'orchestre !

Interprétation simple ! Le développement de la vie sociale d'un enfant se faisant par étapes sucessives, chacun passe invaribalement par une phase où il doit, pour « définir son territoire », s'approprier ce que les autres possèdent !

Les co-équipiers d'Alexandre étaient encore à peu près tous au creux de cette période. Lui, à son rythme, l'avait franchie et était tout prêt à partager avec d'autres, mais cela lui était pratiquement impossible au sein de ce groupe ! Il devenait donc, de jour en jour, hyperagressif, par réaction.

Visiblement, il n'avait plus sa place avec ces enfants « trop jeunes », et devait avoir pour partenaires des plus grands, aux jeux plus organisés à l'échelle collective.

Un essai fut tenté : Alexandre, passé dans la section des « grands », cessa en quelques jours d'être violent : il pouvait, enfin, mettre en commun, de façon harmonieuse, avec des personnes « à sa taille » !.

La morsure

Pratique alarmante et pourtant des plus répandue ! Personnellement, plus j'étudie les phénomènes de morsures, et plus j'en viens à plaindre les enfants mordeurs !

Surtout en raison des convergences curieuses existant, dans notre langage, entre les expressions gastronomiques et la vie amoureuse !

Ne dit-on pas : .. « Tu es à croquer ! » ?
.. « Tu as très bon goût ! » ?
.. « Je te mangerais ! » ?
.. « Dévorer du regard... » ?

Ce qui laisserait supposer qu'un enfant qui en aime un autre peut, légitimement, avoir follement envie de le manger.

Or, comble de l'horreur, on ne le laisse jamais, dans ce cas, finir son plat !

Un petit garçon repère une copine fort appétissante, lui prend le bras, commence à mordre... et voilà-t-y pas qu'il se trouve un adulte pour l'empêcher de la terminer !

Il y a franchement là de quoi devenir anorexique, vous l'avouerez !

Plus sérieusement, examinons, à l'aide de quelques exemples, certaines causes possibles de cette manifestation « gastronomico-agressive » qui nous préoccupe tant !

Morsure et langage :

Dans ce domaine, une chose m'a particulièrement frappé.

Il s'agit de la coexistence fréquente de deux phénomènes apparemment indépendants l'un de l'autre : la morsure et les « retards » de langage.

Assez régulièrement, les enfants prétendus les plus « mordeurs » maîtrisent et utilisent encore peu le langage oral.

De plus, on constate souvent chez ces mêmes enfants, une disparition rapide de leur penchant à mordre dès qu'ils se mettent à parler de façon substantielle.

Ce constat ne peut nous laisser indifférents et pose, au moins, deux questions de fond !

A savoir :

- Quels sont les divers modes d'expression, au-delà de l'oral, utilisés par les enfants pour se faire comprendre de nous ?
- Sommes-nous assez attentifs aux autres messages que les enfants nous adressent en dehors des mots ?

Vis-à-vis d'un bébé, nous sommes réceptifs à ce qu'il nous exprime par l'intonation de sa voix, par ses gestes, ses mimiques, son regard, etc...

Lorsque ce même « bébé » atteint l'âge auquel il est censé parler, nous, adultes, sommes tentés de communiquer avec lui, prioritairement, par l'entremise du langage.

Or... Prenons le cas d'un enfant de 18 mois qui n'a pas encore, dans son développement à lui, acquis suffisamment de mots pour se dire, ou qui ne privilégie pas ce type de contact.

Il va, alors, continuer à s'adresser à nous par d'autres « canaux ».

Là, se pose, peut-être, un problème : si nous diminuons notre attention à ceux-ci, l'enfant risque de ne plus se sentir entendu et peut, par conséquent, devenir agressif.

Partant, de cette hypothèse, nous avons, il y a quelques années, tenté une expérience en halte-garderie.

Nous nous sommes efforcés, avec l'équipe, d'être particulièrement vigilants aux modes d'expression utilisés par les enfants réunissant les deux cas de figure cités plus haut (« mordeurs parlant peu »).

Nous avons, à cette occasion, découvert que l'un communiquait beaucoup par mimiques, un autre plutôt par la danse, etc...

En nous obligeant, durant plusieurs semaines, à entrer prioritairement en relation avec eux par ces modes, nous avons été amenés à constater une baisse considérable de leur agressivité et des morsures dont leur entourage faisait les frais !

Ceci ne saurait, bien sûr, être généralisé, mais peut, toutefois, constituer l'amorce d'une réflexion sur certaines causes potentielles de morsure ainsi que le rôle positif que nous, adultes, pouvons jouer pour limiter cette manifestation de « mal-être ».

Une telle corrélation entre morsure et langage fait, en tous cas, apparaître l'aspect très *transitoire* de ce phénomène dans bien des cas, et contribue d'autant à sa dédramatisation !

Mordre le temps :

Une anecdote étonnante m'est, une jour, arrivée dans le cadre d'une crèche hospitalière*.

Les employés de cette crèche avaient constaté que « les enfants du personnel soignant étaient plus « mordeurs » que ceux du personnel administratif » !

C'est, du moins, en ces termes, que m'avait été exposé le problème !

De plus, comme certains membres de l'équipe avaient visiblement trop lu d'articles sur la psychologie de l'enfant (« en diagonales », sans formation initiale suffisante !), une interprétation de ce phénomène régnait dans l'air :
« Si les enfants du personnel soignant mordent plus que les autres, c'est sans doute parce que leurs parents, dans leur vie professionnelle, accomplissent des actes agressifs : piqûres, etc... ! ».

Analyse quelque peu lapidaire !
Après avoir passé une semaine sur place, je me suis aperçu que ces « mordeurs » commençaient pour la plupart leur journée de crèche à 6 h30 du matin, ou la terminaient à 23 h ! Qui plus est, faute de personnel suffisant durant cette tranche horaire, ils étaient systématiquement remis au lit dès leur arrivée !

Inversement, les enfants dont le père ou la mère travaillaient dans les bureaux de l'hôpital arrivaient gaillardement vers 9 h.

Là encore, une expérience fut tentée : grâce à un léger remaniement de l'équipe, trois personnes assurèrent quotidiennement « l'accueil » durant un mois.

Ceci permit, chaque matin, de discerner si tel enfant avait sommeil, aujoud'hui, ou plutôt envie de jouer, et de prendre les dispositions qui s'imposaient.

Certains enfants étaient recouchés à leur arrivée, alors que d'autres se rendaient dans une salle de jeu, pour y gambader à leur aise !

Conclusion : en l'espace de quelques semaines, la plupart des « mordeurs » avaient relégué leurs crocs au vestiaire et n'étaient pas plus agressifs que les autres !

Alors... on parle bien de « tuer le temps », peut-être a-t-on également envie de le « mordre », parfois, quand on a un an ou trois ans, et que notre rythme de vie n'est pas pris en compte ?

Ces deux exemples n'évoquent, bien entendu que quelques-uns des nombreux mécanismes pouvant inciter un enfant à dévorer ses congénères, mais... la question reste ouverte !

* *Il s'agit de structures accueillant les enfants du personnel hospitalier, tant administratif que « soignant » (infirmières ou autres).*

L'adulte face à la morsure :

Entre la culpabilité excessive, l'encouragement implicite, l'inconscience totale ou l'interprétation sauvage... comment nous situons-nous, en tant qu'adultes, face à ce phénomène ?

Difficile à dire ! D'autant que nous avons tous des notions très diverses de ce qu'on appelle « agressivité ».

Pour les uns, l'enfant doit très tôt apprendre à « se défendre dans la vie , et, au nom de cette maxime, à attaquer pour assurer son territoire.

Pour d'autres, en vertu des règles de la vie sociale, il doit surtout savoir partager, mettre en commun...

Un équilibre harmonieux existe sans doute entre ces deux tendances extrêmes, mais il en faut, du temps, avant qu'il ne puisse être établi !

De là, et de bien d'autres choses, découlent notre attitude face à la morsure, nos réactions lorsque l'on nous dit que notre enfant est « mordeur » ou, au contraire, « mordu ».

Les mots, les conceptions, perdent alors leur sens et peuvent devenir contradictoires.

La question n'est pas plus simple lorsqu'il s'agit de faire expier au « mordeur » son horrible forfait (« ... pour que ça lui serve de leçon !!! »).

Les techniques, bien sûr, divergent d'un individu à l'autre, mais toutes s'avèrent souvent ambiguës et très relativement efficaces.

– J'ai rencontré, notamment en crèche, des partisans de la méthode consistant à mordre l'enfant qui en avait mordu un autre, « pour qu'il se rende compte de ce que ça fait ! ».

Le résultat ne m'a jamais paru concluant, hormis pour de rares adultes qui semblaient y prendre un certain plaisir !

– Une auxiliaire de Puériculture, en Halte-Garderie, m'a dit, un jour, utiliser un moyen radical : il consistait à saisir les deux protagonistes, le « mordu » d'un côté, le « mordeur » de l'autre, et à dire à la victime :

« Mords-le »

Manque de chance pour elle, quand elle mit, devant moi, sa démarche à exécution, le « mordu » fondit en larmes en criant ;

« J'veux pas l'mordre !!! »

Comme quoi, là non plus, il n'existe pas de méthode idéale !

Alors, peut-être vaut-il mieux se résoudre dans chaque cas particulier d'enfant mordeur, à essayer, calmement, d'en discerner la cause... tout en séparant les adversaires avant de l'avoir trouvée et en misant sur le temps pour arranger l'affaire, le plus souvent ?

Ecole : la maison n'accepte pas l'échec

« Pour faire un gagnant on fabrique dix perdants »
Albert Jacquard

Japonisation, mode d'emploi

Une confusion pour le moins ambiguë peut très vite s'instaurer entre la précocité des acquisitions d'un tout-petit et ses capacités à venir.

Ambiguë à tous points de vue si l'on en croit les multiples travaux actuels dans ce domaine, montrant sans équivoque qu'un enfant n'acquiert réellement une capacité que lorsqu'il est y est prêt, à son heure.

C'est-à-dire à des « heures » extrêmement variables, d'un enfant à l'autre.

La même confusion s'étend parfois à l'ensemble d'une société, laissant, par exemple, supposer que la réussite sociale d'un individu est en tous points calquée sur sa réussite scolaire.

De là à imaginer que les « élèves » doivent à tout prix savoir lire en grande section d'école maternelle, ou encore pratiquer le violon dès l'âge de deux ans pour devenir des virtuoses... il n'y a qu'un pas !

Nos lointains voisins nippons semblent l'avoir franchi gaillardement, ce pas, excellant dans l'industrie de la fabrication du surdoué « clés en mains ».

Ainsi, les petits japonais dont les parents souhaitent « faire » un génie (ou, à défaut, un futur cadre) se doivent de fréquenter très tôt, les « juku » (1) pour y bénéficier des méthodes nommées « hoiku suru » (2).

Légère ombre, parmi d'autres, au tableau : beaucoup de ces élèves finissent par s'endormir en classe, durant la journée.

Mais qu'à cela ne tienne, la société mashima vient de commercialiser un savant remède à ce mal : grâce à un bandeau muni d'une alarme sonore, le problème est résolu.

Ledit bandeau, ceint autour du front des écoliers, sonne dès que leur tête tombe en avant.

Et voilà ! Il fallait y penser !

Malheureusement, ce dispositif n'est pas encore diffusé en France !

Mais ne perdons pas espoir !

En tout état de cause, au cas où vous parviendriez à vous procurer l'un des modèles d'origine, il faut que vous sachiez la traduction exacte des inscriptions figurant sur ces bandeaux ; c'est « vaincre absolument ! ».

Tout un programme !... (pédagogique, bien sûr !). Un programme apparemment efficace, en tous cas, au vu des résultats économiques du Japon.

Toutefois... fabriquer un tel quota de citoyens performants, au prix de ce matraquage intellectuel, ne va pas sans quelques petits avatars !

On commence, par exemple, à trouver un peu « gênant » le taux de suicides d'enfants, dans ce pays !

Mais « on ne peut pas faire d'omelette sans casser d'œufs », comme dit le proverbe (japonais ?).

A nous, en France, d'en tirer nos conclusions !

(1) Ecoles parallèles, ouvertes aux enfants après la classe, et diffusant un sur-enseignement intensif sous forme de cours du soir.
(2) Surstimulation précoce.

Eveil ou parcours du combattant

Comme pour la cuisine, tout semble être dans la « préparation », en ce qui concerne l'éducation des enfants.

Grâce à diverses méthodes éducatives d'avant-garde, on peut, en effet, voir certaines crèches « préparant » l'enfant à l'école maternelle, et ainsi de suite...

Au même titre que les scouts de France, l'enfant est « toujours prêt »... à ce qu'il l'attend plus tard.

Quant à vivre au sein de milieux aptes à le considérer, lui, dans l'instant présent avec ses besoins du moment et avec ce qui pousse, aujourd'hui, dans sa peau, c'est une autre histoire ! Mais qu'importe... il sera « prêt » (!?).

– A quoi, au fait ?

Une enquête sur « l'école maternelle », réalisée auprès de nombreux enfants, m'a beaucoup étonné.

Au cours de celle-ci, l'un d'entre eux m'a par exemple, affirmé :

« J'aime pas l'école, parce qu'on peut même pas pleurer et avoir peur ! ».

Un autre, alors que je lui demandais ce qu'il avait appris dans sa classe, m'a répondu :

« Un truc très dur ! C'est à faire pipi quand j'ai pas envie ! T'as qu'à essayer, tu verras, c'est dur ! »

Toutefois, au-delà de tels propos, rendons hommage aux multiples enseignants qui, quotidiennement, au sein de l'école maternelle, s'ingénient à prendre en compte la réalité des enfants avec les « moyens du bord ».

Et gardons l'espoir que ces mêmes enseignants ne soient pas, à court terme, englués dans un système d'auto-évaluation les incitant à « préparer » par trop les enfants, en confondant éveil et surstimulation !

Savoir lire ?

Une récente étude sur la chaussure, en France, montre que la pointure moyenne de nos concitoyens (hommes et femmes confondus) avoisine le 40.

Doit-on pour autant envisager de ne plus fabriquer que des souliers de cette taille ? Il faut avouer que cela ne serait pas toujours confortable pour tout un chacun !

On peut, avec quelque inquiétude, se demander si c'est ou non le même organisme de statistiques* qui a, un jour, décrété que les « élèves » devaient savoir lire à la fin du cours préparatoire ?

En effet, cette norme des plus théorique semble parfois un peu trop prise au pied de la lettre, conduisant certains enfants à redoubler cette classe parce qu'ils n'ont pas encore suffisamment la maîtrise des mécanismes permettant la lecture.

Or, il est notoirement connu que bon nombre d'entre eux, bien que ne sachant pas encore lire, ont déjà acquis certaines capacités, dans d'autres domaines, restant tout ou partie inexploitées au cours préparatoire.

C'est le cas, par exemple, des activités mathématiques faisant appel à la logique.

Sans toutefois être familiarisés avec un texte lu, des enfants peuvent posséder d'énormes facultés pour réaliser des additions, des soustractions, voire des multiplications simples.

Qui plus est, lorsque l'on considère la complexité et la multitude des éléments (intellectuels, affectifs, sensoriels, etc...) mis en œuvre pour qu'un enfant « sache lire », on voit à quel point il est « normal » qu'il y soit prêt à cinq ans et tout aussi « normal » qu'il n'y parvienne qu'à sept ans ou plus.

* *Une définition de la statistique que j'affectionne particulièrement : il est statistiquement vérifié qu'un être humain ayant les pieds dans le congélateur et la tête dans le four est à la température moyenne idéale sur l'ensemble de son corps.. mais qu'il en meurt !*

Le redoublement n'est certes pas systématiquement à proscrire, loin de là (tout dépend, entre autres, de sa justification et des conditions dans lesquelles il s'effectue).

On est cependant en droit d'imaginer que l'Education Nationale fabrique parfois de toutes pièces certains « échecs scolaires » en normalisant par trop les rythmes d'acquisition des enfants, sans toujours se donner les moyens de prendre concrètement en considération la diversité de leurs compétences.

Des dispositions simples peuvent à l'inverse, aisément s'envisager au sein même d'une école, par coordination entre plusieurs enseignants, prenant en charge sur quelques années un même groupe d'enfants (divisé en sous groupes modulables), permettant ainsi à chaque élève une évolution « à la carte » de ses connaissances*.

* *De telles démarches commencent heureusement à être pratiquées dans diverses écoles et, par ailleurs, s'imposent d'emblée dans les classes uniques, en milieu rural. Classes dont l'intérêt n'est pas négligeable, malgré les difficultés multiples qu'elles sous-tendent.*

Tout est un tout

(ou : les neurones en vadrouille)

Bizarre, le fossé actuel existant encore trop souvent entre les connaissances (médicales, scientifiques, etc...) sur le développement, les besoins des enfants et les pratiques pédagogiques en vigueur.

Cela est lié, bien sûr, aux carences flagrantes de la formation des enseignants, visiblement trop centrée sur le « cognitif » (le « savoir »), et permettant bien peu à ceux-ci de prendre en compte les enfants dans leur globalité !

Il est évident que, n'étant que très peu préparés à considérer les enfants comme un « tout » indissociable, certains pédagogues peuvent (légitimement ?) avoir l'impression de « ne pas faire du travail scolaire » en consacrant du temps à des disciplines telle que l'éveil des cinq sens, l'exercice de la communication, l'affirmation d'une culture (dans le cas d'enfants immigrés), etc...

Ceci est, semble-t-il, encore plus vrai à l'école primaire, sans parler des lycées et collèges !

Et pourtant !

Les deux histoires qui suivent illustrent assez bien les conséquences possibles à court ou long terme, d'une telle démarche.

Deuil et soustraction

Sabine était âgée de onze ans. Curieusement, au CM2, elle se mit à avoir de grosses difficultés en mathématiques, essentiellement pour ce qui est des soustractions et des divisions.

L'Institutrice, conscencieuse, l'aida de son mieux en lui faisant faire, pendant les récréations, du « rattrapage de calcul ».

Sabine fut abreuvée de nombres à soustraire, à diviser, bénéficiant des diverses méthodes actuelles. Un mois passa, puis un trimestre. Sans progrès !

Au contraire, ses résultats ne firent qu'empirer au fil du temps.

Comme si le « forcing » pratiqué (pour son bien !) par l'enseignante bloquait encore plus Sabine !

Un beau jour, elle fut confiée à un psychologue, en raison de son « caractère renfermé ».

La conclusion de celui-ci, assez rapide, fit remonter au grand jour le fond du problème pseudo-mathématique.

L'année précédente, la mère de la fillette avait été victime d'un accident de la route.

Une correspondance étonnante apparut entre la date de l'accident et l'époque où Sabine manifesta ses premières difficultés notoires en calcul.

Le « cas » de Sabine était, somme toute, assez banal. En effet, l'acquisition des mathématiques, comme celle du langage, de la lecture et de l'ensemble des « matières », est profondément indissociable d'un grand nombre de capacités autres que la pure logique, et tout aussi indispensables que cette dernière. C'est le cas, par exemple, de l'affectivité.

Il est maintenant admis depuis belle lurette que le calcul et l'affectivité ne peuvent en aucun cas être séparés.

Ainsi, un enfant « mal dans sa peau » aura bien plus de difficultés à soustraire (à enlever de lui), quelles que soient ses réelles compétences mathématiques, qu'un autre plus épanoui dans sa vie.

La situation de Sabine est, bien sûr, caricaturale, mais de telles mésaventures concernent régulièrement des enfants rencontrant des problèmes affectifs moindres en apparence.

Dans ce cas, l'heure n'est visiblement pas au « bourrage de crâne » qui ne peut, en tout état de cause, que figer ou faire empirer le niveau de l'enfant, tant qu'il n'est pas parvenu à libérer « sa peau » du poids de son malheur.

Etonnant ? Oui ! Etonnant de constater que de telles connaissances de base (j'allais écrire « élémentaires ») soient absentes le plus souvent des formations, initiales ou permanentes, de ceux qui ont pour charge d'éduquer les enfants et qui, faute de quoi, sont fréquemment amenés à manipuler, en toute bonne foi, de la dynamite, en pensant qu'il s'agit de pétards du 14 Juillet !

L'informatique à l'école

La France a besoin de citoyens « logiques », appelés à vivre dans une société de plus en plus informatisée. C'est un état de fait. Le nier serait pure inconscience !

L'école, donc, a emboîté le pas à cette réalité. C'est ainsi que l'Education Nationale s'est pourvue, depuis quelques années, d'un important matériel à base d'ordinateurs.

Sage précaution, me direz-vous ?
Bien sûr, mais ne convient-il pas, dès à présent, de réfléchir au champ d'expériences dans lequel va s'intégrer l'usage de cet instrument ?

En effet, les activités de ce type correspondent à certains outils d'éveil, fort intéressants (voire indispensables) par divers côtés, limités par d'autres.

Ainsi, dans différents pays commencent à se poser de multiples questions quant aux dangers de l'overdose informatique*. Ces nations utilisent depuis plusieurs décennies des ordinateurs à l'école.

Or, des perversions liées à ce matériel commencent à s'y faire jour. Elles sont essentiellement de deux ordres,.
A savoir
• Les exercices permis par l'ordinateur aboutissent toujours à deux sortes de réponses : bonnes ou mauvaises.

* *On sait bien qu'un enfant, fasciné par l'écran de l'ordinateur, peut rester assis devant pendant des heures. Mais... jusqu'où aller ?...*

Il existe, bien entendu, divers cheminements pour y parvenir, mais, au bout du compte, l'écran dira à son utilisateur : « C'est bien », ou « Non, recommence ». La pensée est alors dite « binaire ».

La première perversité tient précisément à ce phénomène.

On constate, chez des enfants ayant par trop utilisé cet outil, une sorte d'hypertrophie de la logique, aux dépens d'autres facultés moins rationnelles permettant de comprendre des phénomènes ni bons, ni mauvais, donc plus complexes.

C'est le cas, notamment, de bon nombre de situations humaines. Par exemple : le divorce.

Dans ce cas : Qui a tort ? Qui a raison ? Encore faut-il que l'enfant ait mentalement les facultés d'appréhender un minimum de telles données pour pouvoir, avec les moyens du bord, les vivre !

Diverses études ont montré que, dans le cas d'adolescents ayant surconsommé des « aliments logistiques », la compréhension d'une telle situation devenait infiniment plus problématique que pour d'autres enfants, plus imprégnés, dans leur milieu éducatif, de valeurs humaines complexes.

Et pour cause ! Au même titre que l'ensemble de l'organisme, le cerveau ne peut « digérer » une donnée nouvelle que grâce aux aliments qui lui ont été précédemment fournis !

• Second constat lié à une surconsommation informatique durant l'enfance : d'énormes difficultés de relation commencent à se faire jour !

Là encore, le phénomène est facile à comprendre. L'écran de l'ordinateur renvoie en permanence à l'enfant sa propre image. De là à « se regarder le nombril », et à être passablement en difficulté face aux autres, il n'y a qu'un pas.

J'ai, il y a peu de temps, longuement conversé avec un jeune canadien (futur ingénieur) qui a reconnu avoir, durant toute son enfance, confié ses joies, ses peines... à son ordinateur !

Là encore, je crois qu'il y a matière à réflexion. Pour les enseignants, bien sûr, mais aussi pour les parents ?

Remarque : Il ne faut surtout pas voir dans ce propos une critique systématique de l'usage pédagogique de l'ordinateur.

Bien au contraire ! Il paraît en effet évident que la robotique et les technologiques nouvelles dans leur ensemble obligent dès maintenant l'école à s'adapter à elles, voire à changer radicalement sa finalité.

Les élèves actuels seront visiblement appelés, dans leur vie professionnelle, à changer plusieurs fois de métier, à être en quelque sorte d'éternels étudiants pour survivre sur le marché du travail, du fait des évolutions techniques.

La pédagogie visant « à instruire » va donc, à très court terme, devoir céder la place à une nouvelle orientation de l'école : celle « *d'apprendre à* apprendre », afin de permettre ces mutations individuelles à l'intérieur de notre Société.

Objectifs et moyens éducatifs sont donc totalement à repenser, de l'école maternelle à l'Université.

Aux responsables des « programmes » de se retrousser les manches... à temps !

Le jeu,
c'est pas du jeu !

« Pas des jeux à jouer ! »

Il y a quelque temps, un journal m'avait commandé une enquête, auprès d'enfants de trois à six ans, sur le thème : « Le Jouet ».

Je devais, entre autres, leur demander quels étaient les jouets qu'ils préféraient.

Au milieu de réponses relativement classiques, celles de certains enfants m'ont stupéfié.

C'est le cas de ce petit garçon de cinq ans qui m'a dit : « J'veux pas des jeux à jouer ! ».

Surprise ! Je lui demande quelques explications. Il me rétorque : « ... Pas des jeux à jouer, parce que Papa, quand il veut plus de moi, il me dit : « Fiche-moi la paix, va jouer ! ».

Ou encore de cette petite fille âgée de six ans (« et deux mois », selon elle), me déclarant :
« J'veux des jouets qui plaisent à Maman, pour qu'elle joue avec moi ! Même si c'est pas des jouets ! Même si c'est un balai, ou aut'chose ! ».

Ainsi, au fil des rencontres, une impression très nette se dégageait, en marge de l'aspect traditionnellement ludique du jeu : celle de la solitude possible liée au jouet.

Comme si, par l'intermédiaire de ces beaux objets colorés, deux mondes se clivaient, se refermaient sur eux-mêmes. Adultes d'un côté, enfants de l'autre.

Alors... au même titre que le fameux train électrique acheté pour papa, peut-être conviendrait-il d'imaginer des jouets multiples, variés, donnant aux « grands » l'envie de jouer, de communiquer par le jeu avec les tout-petits ?

L'exploitation du jeu

Maladie chronique contemporaine, semble-t-il, des éducateurs de tous poils : « l'exploitation » du jeu.

Travaillant depuis pas mal de temps dans le domaine des activités dites « ludiques », je suis en permanence confronté aux symptômes de cette pathologie.

Ainsi, dès que je mets en place, au sein d'une classe maternelle, d 'une crèche, etc... un dispositif de jeu, je suis régulièrement assailli par le même propos de la part des « professionnels » présents :
« Cette activité est très intéressante ! Comment allons-nous pouvoir l'exploiter ??? ».

Comme si chaque exploration, chaque découverte effectuée par l'enfant devait, d'emblée, être aussitôt utilisée par l'adulte à des fins pseudo-pédagogiques !

Là se trouve un profond paradoxe, relevant souvent du pur malentendu !

En effet, d'un côté, il n'est sans doute pas assez reconnu à quel point le jeu est capital pour l'éveil, par le plaisir, des facultés d'un enfant, y compris dans le cadre de l'école élémentaire, voire plus tard. On peut de ce fait s'étonner de son absence, en classe, dès le cours préparatoire.

Cependant, de l'autre, il convient de reconnaître que la force du jeu est liée à sa gratuité, à la faculté qui est, à travers lui, donnée à l'enfant de jouer sa vie pour son propre compte, de tirer de ses expériences ses propres conclusions.

Tony Laine, psychiatre, ne dit-il pas : « L'enfance, c'est le temps de la créativité. Or, cette créativité s'élabore surtout à partir du jeu, du rêve, du temps perdu » ?.

L'ambivalence de cette affirmation aide à comprendre l'équivoque collée à la définition du jeu.

Le contre-sens, d'ailleurs, va sans doute encore plus loin lorsque l'on parle de « Jeux Educatifs », appellation dont l'ambiguité ne peut ni ne doit laisser indifférent.

En réalité, tout jeu n'est-il pas éducatif ? Et n'y a-t-il pas de multiples dangers à attribuer ce qualificatif à certains jeux, pas à d'autres ?

Pour ceux qui, n'étant pas considérés comme « éducatifs » risquent à court terme d'être relégués aux oubliettes bien que fort utiles aux enfants, mais aussi pour ceux « bénéficiant » de ce label et pouvant donner par trop bonne conscience aux adultes ? (« Il a ses jeux « éducatifs », donc il n'a pas besoin de nous ! »).

D'où risque d'isolement.

Un ami, conteur de son état qui, chaque jour, se rend dans des écoles pour exercer son art, me disait un jour être confronté aux mêmes difficultés concernant le conte.

Il raconte ses histoires. Les enfants écoutent, s'émerveillent, s'émeuvent...

Puis viennent les enseignants :

« Ce conte était extraordinaire ! Comment pourrait-on « l'exploiter » en classe ??? ».

Et c'est reparti pour un tour !

En somme, à l'instar de cet exemple, on serait en droit d'affirmer que ce qui pourrait arriver de mieux au jeu serait d'être reconnu à part entière, d'occuper la place qui lui est due à l'école, au lycée, à l'hôpital, etc...

Inversement, ce qui risquerait de lui arriver de pire serait d'être « récupéré » à des fins pédagogiques, thérapeutiques... éliminant d'emblée toute spontanéité, toute gratuité, au profit de spéculations d'adultes.

L'anedocte qui suit illustre assez bien l'ensemble de ces problèmes.

Fabienne avait cinq ans. Très lourdement handicapée, sur le plan moteur, elle ne pouvait pratiquement pas contrôler l'usage de ses quatre membres.

Dans le centre où elle était accueillie, de multiples jouets jonchaient le sol. Mais, faute de pouvoir les tenir dans sa main, aucun ne constituait un outil substantiel pour elle.

Placée sur le ventre, Fabienne y restait une heure, deux heures... juqu'à ce qu'un adulte providentiel la change de position !

Le calvaire de Fabienne se lisait en permanence dans ses yeux.

Elle cherchait, à chaque instant, à capter l'attention des enfants qui se mouvaient autour d'elle. Mais, n'étant que bien peu attractive, elle n'en intéressait visiblement aucun !

Ils passaient près d'elle, détournant leurs pas et leurs regards.

Un jour, par le fruit du hasard, un miroir fut posé au sol, tout près d'elle. De sorte que les gestes désordonnés des bras de Fabienne produisaient des images fugitives fort captivantes !

Qui plus est, son champ visuel, face contre le miroir, s'élargissait à l'infini ! Tout en étant à plat ventre, elle voyait enfin le monde s'animer autour d'elle selon un angle de 180° !

Quelle merveille ! Pour la première fois, grâce à ce miroir providentiel, Fabienne fut attractive pour ses co-équipiers. Ses mains, ses bras, dont les reflets apparaissaient et disparaissaient sans cesse, devinrent un centre d'intérêt, la source de jeu d'imitation, de *communication*.
Pour la première fois, on vit Fabienne sourire !
Je n'en croyais pas mes yeux !
Après une semaine d'absence, je revins dans le centre.

Là, une peur m'envahit soudain lorsqu'un kinésithérapeute me déclara :
« Tu sais, j'utilise maintenant le miroir au sol pour rééduquer Fabienne, étant donné la joie qu'il lui procure ! ».
Une démonstration s'ensuivit.

En prélude à la séance de rééducation, il disposa le miroir, quelques mobiles sonores destinés à attirer son attention vers le haut et, au moment où il avança la petite fille vers son savant dispositif « thérapeutique »... elle éclata en sanglots !

Et pour cause ! Le seul outil qui lui avait enfin permis d'éprouver du plaisir devenait, comme le reste, un instrument « de torture » !.

Tout était à refaire !

En comptant, de nouveau, sur le hasard d'une rencontre !

La poupée tondue

Cette histoire est celle d'un « bon jouet », devenu un « mauvais jouet ».

Créant, à titre expérimental, du matériel de jeu, je suis souvent surpris de l'inadéquation de certains « jouets » aux réalités multiples de leurs utilisateurs. De même, les lacunes, dans ces domaines, sont parfois consternantes.

Ainsi, le fait de « *détruire* », pour un enfant, peut bien sûr constituer un acte agressif, mais, à d'autres moments, peut n'être qu'un geste d'apprentissage. L'enfant casse souvent pour explorer !

Rencontrant un beau jour, dans une halte-garderie, une petite fille qui se faisait sermoner pour avoir arraché le bras de sa poupée, j'eus l'idée d'en fabriquer une ...cassable.

La poupée en question, d'une hauteur approximative de 60 cm , était en réalité une « poupée patchwork » toute en tissu : ses bras, ses jambes, sa tête, son tronc... étaient fixés les uns aux autres par une série de bandes de velcro.

De sorte que l'on pouvait indifféremment l'utiliser en tant que personnage, ou, si l'humeur n'était pas au beau fixe, la réduire en morceaux.

Après tout, il ne s'agissait là que d'une réaction humaine assez banale : avoir envie d'aimer et de détruire les mêmes personnes n'est-il pas plus ou moins notre lot quotidien ?

Toujours est-il que les enfants ne manquèrent pas d'en faire l'usage prévu (plus quelques autres), en toute impunité, cet objet, de par sa conception, permettant une telle attitude !

On pourrait dire, à priori, qu'il s'agissait d'un « bon jouet », puisqu'il satisfaisait à la fois enfants et adultes ?

Cependant, cette appellation ne dura qu'un temps. Quelques semaines plus tard, je partis, ma poupée sous le bras, travailler dans un hôpital – plus exactement dans un service accueillant des enfants atteints de leucémie. Le traitement de cette maladie faisant, entre autres, usage de chimiothérapie, la plupart d'entre eux avaient, momentanément, perdu leurs cheveux.

Au bout d'une demi-heure, je vis une infirmière sortir d'une chambre en hurlant, tenant ma poupée dans une main, une fillette dans l'autre.

Visiblement, il y avait eu délit ! Mais lequel ?
Je compris aussitôt. Tout, dans le corps de la poupée était arrachable sauf... ses cheveux, constitués de filaments de laine cousus dans le cuir chevelu !

Le forfait de l'enfant était donc prévisible : elle avait, d'emblée, pris une paire de ciseaux pour détruire ce splendide ornement, insoutenable pour elle !

L'infirmière fut surprise de ma joie devant ce constat. Aussitôt, la poupée fut reconstituée avec une chevelure encore plus abondante, fixée à l'ensemble par une série de morceaux de Velcro.

On pouvait donc l'arracher, plaque après plaque, et selon son bon vouloir, la faire réapparaître instantanément, ... tout comme les cheveux des enfants appelés à repousser après la fin du traitement.

Ainsi conçu, ce jeu eut un franc succès dans le service. Mais qu'y avait-il d'extraordinaire à cela ?
A partir du moment où l'on considère qu'un enfant « joue sa vie », peut-on imaginer que, lorsqu'il est hospitalisé, il ne joue pas, entre autres, sa maladie... si les moyens du bord le lui permettent ?

Valoriser un enfant

L'importance de valoriser un enfant
est sans doute, encore aujourd'hui, sous-estimée
quand à ses conséquences fondamentales
sur le développement tous azimuts
des facultés de celui-ci.
Les exemples qui suivent en témoignent.

Petit ou grand

L'image même qu'un enfant a de son corps semble en partie déterminée par le reflet, valorisant ou non, que lui renvoie son milieu.

Ainsi, le jeu « petit ou grand » est très significatif. Ce jeu consiste à demander à plusieurs enfants, simultanément, d'être tour à tour « grands » puis « petits ».

L'adulte orchestre l'ensemble.
Lorsqu'il dit « grand », chaque enfant doit devenir le plus grand possible, et inversement quand l'ordre « petit » est donné.

Pratiquant ce jeu depuis fort longtemps dans le cadre scolaire, j'ai toujours été étonné de son résultat.

En effet, très souvent, certains enfants sont hypertalentueux pour devenir très grands, mais, dans ce cas, éprouvent plus de difficultés à diminuer de taille, et inversement.

Or, dans la plupart des cas, les surdoués pour l'extension sont des enfants plutôt valorisés, à l'aise dans leur peau, obtenant d'assez bons résultats scolaires... alors que pour les autres, c'est tout le contaire !

Un peu comme si l'échec conférait le dos rond ! De là à donner des idées courbes... !.

Personnellement, c'est la fréquence avec laquelle revenait ce constat qui a attiré mon attention sur lui.

Poussant plus loin l'investigation en travaillant, avec de multiples groupes d'enfants, sur le « schéma corporel »*, j'ai pu constater les même faits.

Les enfants en situation d'échec (à l'école, au sein de leur famille, etc...) avaient très nettement tendance à se percevoir plus petits qu'ils n'étaient en réalité, à l'opposé des autres.

Il serait trop long d'épiloguer sur de tels résultats, mais encore convient-il d'en tenir compte.

Ainsi, notre corps agissant dans la vie de tous les jours en fonction de l'image qu'il a de lui-même, bon nombre de prétendues « maladresses » sont visiblement liées à une vision rétrécie de soi.

C'est par exemple, en vertu de notre schéma corporel que nous conduisons notre voiture, chaque jour, par projection de nous-mêmes dans l'espace. Il est alors facile de discerner les individus se percevant plus grands ou plus petits qu'ils ne sont !

Les premiers seront plutôt du genre à se demander si leur véhicule passe ou non entre deux autres, même s'il y a 50 cms d'excédent de chaque côté.

A l'opposé, ceux de la deuxième catégorie auront tendance à érafler les portières.

Certains chercheurs vont aujourd'hui jusqu'à parler de « nanisme psycho-social », établissant par là un lien direct entre d'éventuels troubles de croissance et les difficultés sociales auxquelles peuvent être confrontés certains enfants !

Dans ce même contexte, des enfants immigrés dont la culture d'origine serait niée au sein de l'école peuvent-ils, au même titre que d'autres, mettre en marche les facultés qui existent au fond d'eux ?

* Voir « Je Jeu Enjeu » Ed. C. B. – page 32.

Certainement pas, d'autant qu'il est maintenant admis qu'un individu ne peut adhérer à une culture et l'appréhender que s'il a eu les moyens, auparavant, d'exprimer et de connaître sa propre culture, celle qu'il porte sur son visage !

Il ne faudra donc pas s'étonner de constater qu'un enfant étranger sur qui l'on voudrait, de façon systématique, plaquer la culture française, sans autre compromis, refuse inconsciemment tout apprentissage, entrant de plain pied, quelles que soient ses capacités, dans le moule du « mauvais élève », avec tous les pseudo « dys... quelque chose » qui ne manqueront pas de lui être collés sur la peau !

Dans un domaine autre en apparence, on peut tout autant s'inquiéter du cas de frères et (ou) sœurs dont le premier aurait, soi-disant, « toutes les qualités » et le second « tous les défauts » !.

Là encore, on retombe assez souvent sur le constat « petit-grand » cité plus haut.

D'une façon globale, la question posée est :
« Un enfant qui ne se sent pas entendu peut-il trouver quelqu'intérêt à s'exprimer, d'une façon ou d'une autre ? ».

Le souffle coupé

Les effets désastreux d'une dévalorisation répétée ressentie par un enfant peuvent parfois compromettre jusqu'à sa faculté de maîtriser son souffle.

Ne dit-on pas, dans une situation d'angoisse : « J'ai le souffle coupé », « l'air me manque »... ?

Dans ce cas, placé dans un contexte anxiogène (quel qu'en soit le degré), un individu bloque très souvent ses poumons en position inspiratoire, éprouvant de la sorte d'énormes difficultés à « souffler ».

Réflexe logique sur le plan organique : face à une éventuelle agression, « il faudra de l'air pour la route ».

Ce phénomène est facile à observer, entre autres dans le cadre scolaire, chez certains enfants en situation d'échec, ou affublés de qualificatifs péjoratifs (« agressif, » « sale », « paresseux »,...) avec les effets que l'on suppose.

Par exemple, il ne faudra pas s'étonner que, faute de souffle, ces enfants s'expriment très peu à l'oral ou avec grandes difficultés, éprouvent diverses carences en lecture, etc...

Un enfant de 10 ans, rencontré voici quelques années et qui vivait tout à fait cette situation appelée « état de bulle d'air », m'a dit :
« Quand il faut lire, en classe, c'est comme si j'ai pas d'air dans ma bouche ! ».

Conclusion : les causes profondes des difficultés à l'oral ne sont peut-être pas toujours là où on les cherche et certains prétendus « échecs » pourraient de toute évidence trouver leur solution si des moyens étaient mis en œuvre afin de « valoriser » d'une façon ou d'une autre, un enfant « au souffle coupé » !.

Plus globalement, divers psychanalystes intéressés par l'échec scolaire ont été conduits aux constatations suivantes :

– dans le cas d'enfants « moyens » en classe, jugés essentiellement par leurs parents sur leurs résultats à l'école, de façon exarcerbée (« Si tu obtiens 15 en Français, tu partiras aux sports d'hiver », etc...), on assiste souvent à de violentes régressions de la part de l'élève.

En effet, si celui-ci, malgré ses efforts, ne peut outre mesure progresser, contrairement aux attentes obsessionnelles de sa famille, il ne lui reste plus qu'à se rendre nul, de façon à être enfin regardé par ses parents à travers d'autres compétences que les stricts résultats scolaires !

Malheureusement, si le message de l'enfant n'est pas perçu, l'angoisse s'empare du milieu familial, et la focalisation sur l'école ne fait que s'accroître.

Planète enfance

Un enfant,
Ça vous décroche un rêve,
Ça le porte à ses lèvres,
Et ça part en chantant.
Un enfant,
Avec un peu de chance,
Ça entend le silence
Et ça pleure des diamants.
Et ça rit,
A ne savoir que faire,
Et ça pleure
En nous voyant pleurer.
Ça s'endort,
De l'or sous les paupières,
Et ça dort,
Pour mieux nous faire rêver.
....
Et ça demande
Si les nuages ont des ailes,
Et ça s'inquiète
D'une neige tombée,
Et ça s'endort,
De l'or sous les paupières,
Et ça se doute
Qu'il n'y a plus de fées....

Jacques Brel

La fée

Il y a quelque temps, je rendis visite à une amie, perdue de vue depuis plus d'un an.

Je la savais mère d'un petit garçon nommé Dimitri, mais, au vu de son tour de taille, elle n'allait visiblement pas tarder à être à la tête d'une famille plus étendue !

Elle m'annonça : « Comme Dimitri a quatre ans, je lui ai tout expliqué sur la grossesse, les examens médicaux, l'accouchement... et il a tout compris ! Il attend d'arrache-pied sa petite sœur ! ».

Cinq minutes plus tard, Dimitri déboucha en trombe dans la pièce.

Notre dialogue fut assez bref :
« Bonjour, Dimitri ! »
« Salut ! »
« Il paraît que tu vas avoir une petite sœur ? »
– Œil noir du gamin.
« C'est pas une p'tite sœur ! ».
– Surprise !
« C'est quoi, alors ? »
« C'est une fée... même que c'est la fée Tusse ! ».

Il n'y avait rien à ajouter.
Dimitri avait en effet tout compris, mais en fonction de ses besoins à lui !

La pêche à la ligne

Fabien, âgé de trois ans et des poussières, était un fin pêcheur.

Un beau jour, cadeau suprême, il me proposa d'aller à la pêche avec lui, dans le jardin.

Règlement de sa pêche : à l'aide d'une épuisette, réussir à attraper les graviers recouvrant l'allée.

Il commença. Au premier coup de filet, il remonta deux « prises ».

Se penchant sur l'épuisette, il me déclara :
« C'est un requin et une baleine ! ».

On les plaça dans un seau (avec un peau d'eau, pour qu'ils puissent respirer).

Deuxième lancer : une seule victime fut prise au piège. Avec le même sérieux, Fabien l'identifia : «Ç'ui là, c'est un dauphin ! ».
Il me tendit alors l'épuisette : c'était mon tour !
Fier de moi, je réussis à remonter deux « poissons ».
Examinant mon butin avec soin, je lui dis :
« Moi, j'ai pris une carpe et un brochet ! ».

Fabien s'inclina alors au-dessus du filet, regarda attentivement au fond et, impassible, me rétorqua :
« Mais non ! Toi, c'est des graviers ! ».

La chèvre de Mr Seguin

Cette histoire se passe dans une classe d'école maternelle, en grande section. Elle m'a été adressée par une enseignante du Sud-Ouest, Josette Gibon.

« Depuis des années, j'ai pris l'habitude de raconter une histoire aux enfants, lorsqu'ils sont énervés.

Ils adorent écouter et cela ménage des coupures dans le déroulement de la journée.

Cependant, l'autre jour, bien mal m'en a pris ! C'était en fin de matinée, 1/2 heure avant la sortie. Les mamans n'étaient pas encore arrivées.

Devant l'excitation de mes élèves, j'ai décidé de leur raconter une histoire et choisi « La chèvre de Mr Seguin », la connaissant par cœur.

Beaucoup l'avaient déjà entendue à la maison.
Au début, tout se passa bien.
La petite Blanchette, sur les traces de la vieille Renaude, gambadait joyeusement dans la montagne.
Mr Seguin, dans la plaine, criait :
« Blanchette, Blanchette, reviens !... »

... Mais elle n'entendait rien et broutait l'herbe tendre. Les enfants l'accompagnaient de leurs rires et de leurs commentaires.

Avec elle, ils sautaient par-dessus les ruisseaux, savouraient l'odeur des fleurs et de la liberté.
Puis, peu à peu, vinrent la pénombre... et la nuit !
Là, les enfants ne riaient plus du tout !
La peur s'installait même dans la classe.

Quand les yeux du grand loup gris apparurent dans l'obscurité, féroces et brillants, deux petites filles, assises l'une à côté de l'autre, fondirent en larmes.

Désemparée, je ne savais plus comment m'en sortir !
Fallait-il jeter Blanchette dans la gueule du loup ?
J'essayai de différer l'échéance fatale, faisant tour à tour reculer le loup devant les cornes de Blanchette, ou retentir la voix de Mr Seguin...

Mais plusieurs enfants, qui connaissaient par cœur « l'horrible destin » de la pauvre petite chèvre, commençaient à réagir :
« Y va la manger ! »
« Y va la manger ! »
Je fus sauvée par la sonnerie annonçant la sortie.
Devant l'impératif horaire, le loup sauta sur Blanchette... et la dévora !

Pourtant, je me sentais bien mal à l'aise devant les sanglots des deux enfants (plus quelques autres) qui ne tarissaient pas ! Mais que faire ?

Les enfants s'habillèrent dans le brouhaha habituel. Je me dirigeai vers les deux copines afin de les consoler de mon mieux.

Désespérées quelques instants auparavant, elles avaient séché leurs pleurs et discutaient abondamment.

Lorsque je fus près d'elles, elles me déclarèrent d'une seule voix :

« Maîtresse, qu'est-ce que c'était beau, la fin ! »
On peut aisément imaginer ma surprise. Cette fois-ci je ne savais réellement plus quoi dire ! ».

Les loups d'Eric

Une promenade en forêt avec Eric, âgé de cinq ans. Tous deux, nous courons à travers les sentiers par un beau matin d'automne. L'air est à la bonne humeur.
Soudain, Eric s'arrête et me déclare, inquiet :
– « J'ai peur ! Il y a des loups ! ».
Me voulant sécurisant, je le rassure tout de suite :
– « Mais non, il n'y a pas de loups ! Les loups, c'est dans les livres ! Tu n'as rien à craindre ! ».
– « Si, si, il y a des loups dans la forêt ! J'ai peur ! ».
Encore plus rassurant, je renchéris :
– « Tu sais, il y avait des loups dans les bois il y a très longtemps, mais maintenant, en France, ils n'existent plus. On n'en trouve que dans les zoos, et ils ne sont pas méchants, etc... etc.. ».

Je redouble d'arguments, tous plus convaincants les uns que les autres, a priori.

D'un seul coup, à ma grande surprise, Eric fond en larmes et me crie, rouge de colère :

« C'est malin, j'vais avoir peur de quoi, maintenant ??? ».

Activités d'éveil ?

Il y aurait beaucoup à dire sur la juxtaposition de ces deux mots : « activités » et « éveil ». En tous cas sur le risque de les confondre l'un avec l'autre, et, par là, de penser qu'un enfant ne s'éveille que lorsqu'il est actif !

Ne serait-il pas salutaire, par certains côtés, de parler également d'« inactivités d'éveil », sous-entendant que l'imagination, le rêve... sont tout aussi nécessaires à l'enfant que l'action ?

L'anecdote qui suit, si elle ne contient pas de réponse à cette question, recèle peut-être quelques éléments de réflexion.

J'ai été amené, lors d'une enquête sur l'école maternelle, à pénétrer dans différentes classes, afin de demander aux enfants ce qu'ils aimeraient y faire.

Réponses diverses, allant de la peinture à la musique, en passant par tous les intermédiaires.

Un beau matin, toutefois, un petit garçon me répondit d'une façon pour le moins inattendue.

Il me dit : ... « rien ! »

« Comment ça, rien ??? ».

« Oui, rien : Passeque elle (désignant la maîtresse), elle fait jamais rien ! C'est toujours nous qu'on fait des choses ! C'est pas juste ! ».

Non directivité

A peine entré dans la classe (une grande section d'école maternelle), l'Institutrice m'explique qu'elle est « non-directive ».

Elle a, au fil des mois, aménagé sa salle avec de multiples « coins », correspondant aux diverses attentes des enfants.

Coin dessin, coin déguisement, coin musique, coin dînette, coin... des coins dans tous les coins !

L'espace est tellement saturé qu'il n'y a même plus de place pour courir ! Vous me direz que courir dans les coins... !!!

Tout de même !

Selon l'enseignante, les enfants peuvent ainsi, en toute liberté, se livrer aux activités de leur choix sans devoir faire appel à elle, sans que « l'adulte ne dérange leurs jeux spontanés » (???).

J'en suis à m'interroger sur le bien fondé d'une telle conception quand soudain, une petite fille vient vers nous et demande :

« Maîtresse ! On est encore obligés de faire ce qu'on veut, aujourd'hui ? ».

La voix de Tintin

Fanatique des albums de Tintin durant mon enfance, je bondis de joie dès que j'entends la nouvelle : le premier film de Tintin vient de sortir !

Aussitôt, je m'inscris dans la file des admirateurs, attendant, devant le cinéma, le début de la séance.

Je suis accompagné d'Arnaud qui, du haut de ses huit ans, s'essaye depuis quelque temps à la lecture à l'aide des albums d'Hergé.

Fin de la séance. Dès la sortie, je demande à Arnaud : « Il t'a plu, ce film ? ».

– Hésitation : « Mouais... »

« Il ne t'a pas plu ? »

« Si, mais je n'ai pas aimé, parce que Tintin il a pas la même voix que d'habitude ! ».

Quel est ton nom?

Un « grand » congrès sur la « petite » enfance. De multiples intervenants sont là, prêts à débattre en public. Je fais partie du lot.

A midi, les organisateurs nous réunissent autour d'une table bien garnie, afin de préparer l'après-midi.

Une des participantes est venue accompagnée de ses deux enfants, un garçon et une fille âgés respectivement de 5 et 4 ans qui, de toute évidence, seraient mieux ailleurs.

Ils trépignent, s'agitent, courent autour de la table...

L'un des « spécialistes de l'enfance », sans doute plus spécialiste que les autres (ou, du moins, souhaitant le paraître), s'intéresse à eux, voulant les calmer avec tact et technique !

Il adresse la parole au garçon :
« Bonjour, comment tu t'appelles ? »
-- Le petit gars baisse la tête --
« Moi, je m'appelle Jean-Pierre, et toi ? ».
-- Toujours pas de réponse --
« Je voudrais bien savoir ton prénom ! On pourrait être copains, si tu me disais comment tu t'appelles ! ».
-- Nouveau silence --
« Alors, tu ne veux pas me dire ? »
Après quelques secondes d'hésitation, l'enfant répond :
« Je m'appelle fatigué ! ».

Animaux ? Keskeseksa ?

Voulez-vous éprouver la même stupéfaction que moi à propos des effets immédiats de l'absence croissante d'animaux dans l'environnement des enfants en zone urbaine ?

Oui ? La règle du jeu est simple :

• Réunir des enfants âgés de 7 à 10 ans, issus de milieux sociaux peu favorisés et habitant une ville ou une banlieue.
• Leur présenter un poster sur lequel sont dessinés différents animaux (chien, chat, vache, poisson, cheval, chèvre, etc...).
• Leur poser ensuite deux questions :

1) En leur désignant l'image sur laquelle est représenté le poisson, leur demander le nom de cet animal.
2) Essayer de leur faire classer les différents animaux par rang de taille, allant du plus grand au plus petit (selon eux).

J'ai, à diverses reprises, tenté cette expérience et, à ma grande surprise, ai alors pu constater que pour beaucoup de ces enfants le poisson s'appelait un « findus » (sic) et que, toujours selon eux, le cheval ou la vache n'étaient pas plus grands que le chien !

Et pour cause : lorsque le seul contact que l'on a avec les animaux passe par les gravures quand on a cet âge, comment se représenter la réalité ?

De là à imaginer que les « poissons-findus » vivent au supermarché, au même titre que les pommes de terre, il n'y a qu'un pas, parfois franchi.

Alors... ? Peut-être que l'écologie commence par permettre aux enfants, quelque que soit leur milieu social ou géographique, de ne pas perdre totalement contact avec un certain environnement naturel ?

Les races

Au clair de la lune

Branle-bas de combat, lorsque j'entre dans cette classe de Cours Préparatoire : l'atmosphère semble électrique !

Que se passe-t-il ?
De toute évidence, un profond conflit oppose l'Institutrice à Omar, petit bonhomme marocain au visage rond. Mais de quoi s'agit-il ?

J'apprends que la discorde avait débuté quelques minutes auparavant.

La maîtresse tentait d'apprendre aux enfants la chanson : « Au clair de la lune »...
Tout se passait bien juqu'au vers tragique :
« Je n'ai plus de feu,
Ouvre-moi ta porte, pour l'amour de... ».
Voilà t-y pas qu'Omar avait chanté :
« ... pour l'amour d'Allah ! ».
« Non », avait dit la maîtresse, « ... c'est pour l'amour de Dieu ! ».
Omar avait alors rispoté aussi sec :
« Allah, c'est Dieu ! ».
« Non, Dieu c'est Dieu, et Allah c'est Allah ! ... et un point c'est tout ! Et d'abord « Allah » ça ne rime pas avec « feu » ! »
Argument de taille ! Mais Omar ne l'entendait pas de cette oreille ! La guerre était ouverte.

C'est précisément à ce stade du combat que j'avais poussé la porte de la classe.
La situation semblait bloquée.
Que faire pour réconcilier les deux protagonistes ?
Tous ensemble, nous cherchons une sortie honorable.
-- silence-
Une petite fille propose :
« Et si on dirait aussi :
« Je n'ai plus bois,
Ouvre-moi ta porte,
Pour l'amour d'Allah » ?
Ça ferait la rime !!! »
-- Re-silence --

Omar semble satisfait de la proposition. Il va enfin avoir sa version à lui. La maîtresse n'est pas pleinement enthousiasmée par ce compromis, mais, faute de mieux !

Ouf ! Une guerre civile vient d'être évitée à l'intérieur de la classe.

Les deux corps

Hakim a onze ans. Il est né en France, de parents algériens qui, étant devenus « harkis » durant la guerre d'Algérie, craignent de ne pas pouvoir remettre de sitôt les pieds sur leur sol natal.

En conséquence, ils entretiennent objectivement Hakim dans l'idée qu'il n'est pas arabe, mais bel et bien, et uniquement français.

D'ailleurs, n'est-il pas né en France ?

Par exemple, les parents d'Hakim lui interdisent de jouer avec les enfants arabes dans la rue à l'école... Ils ne lui parlent pratiquement jamais de l'Algérie, de leur famille...

Ainsi, Hakim est français... à la maison, mais, en classe, les autres gamins l'identifient aux traits de son visage. A l'école, pour les copains, Hakim est arabe !

Sur le plan scolaire, le moins que l'on puisse dire est que ses résultats ne sont pas brillants.

A 11 ans, il lit très mal, écrit encore plus difficilement, présente des troubles de l'équilibre lors de l'éducation physique (Hakim ne tient pas sur un pied), et ainsi de suite.

En tout état de cause, de multiples étiquettes lui sont collées : dyslexie, dysgraphie, dys... tous ces « dys quelque chose » qui conduisent irrémédiablement chez des « orthos » (phonistes, etc...).

Sans grand succès en ce qui concerne Hakim !

Un travail de plusieurs mois, avec lui, sur le schéma corporel, aboutit à mettre en évidence qu'il possède une image de son corps en deux morceaux, dans le sens de la hauteur. Il se dessine, un jour, en deux parties, la droite et la gauche, disant :

« C'est drôle, c'est comme si ça collait pas au milieu ! ».

Et pour cause !

Comment résoudre ce problème ?

Coup de chance : vers le début du mois de janvier, le père d'une élève, d'origine marocaine, vient faire, en classe, un exposé sur le Maghreb.

Il explique à l'ensemble des enfants qu'à l'époque où « nos ancêtres les Gaulois » construisaient des huttes, ceux des enfants maghrébins possédaient de grands chevaux blancs, avec des fusils ornés de nacre, des vêtements ciselés d'or et d'argent... Une véritable épopée !

A la fin de l'exposé, les petits français demandent aux enfants arabes si leurs ancêtres avaient un fusil, des vêtements couverts d'or... ?

Hakim, à qui la question est posée, est bien embêté ! Lui qui ne savait même pas qu'il avait un grand-père !

Soudain, on entend Hakim, dans un coin de la classe, déclarant à l'entourage : « oui, il avait plein de chevaux, mon grand-père, et puis plein de fusils... ! »

Son pseudo grand-père est digne de Zorro !

Durant les jours suivants, Hakim manifeste comme une boulimie de culture arabe, de cette identité qu'il porte sur son visage.

Il demande aux enfants maghrébins d'apporter en classe des photos « du pays », des vêtements, des disques, des instruments de musique...

Au fil des semaines et des mois, quelque chose semble changer en lui.

Au mois de mai, nous recommençons le jeu consistant à faire dessiner aux enfants leur propre corps.

Hakim, alors, se dessine en un seul morceau. Par miracle (?) les deux parties de lui-même se sont « recollées » !

Des lettres nous parviennent alors, envoyées par les différents « orthos » chargés de « soigner » Hakim : unanimement, ils s'étonnent des progrès en langage, en écriture, etc...).

Mais qu'y a-t-il de vraiment étonnant à celà ?

Un enfant qui ne se sent pas entendu peut-il avoir intérêt à appendre un quelconque langage, quelles que soient ses capacités ?

Un enfant qui vit avec une image de son corps coupée en deux peut-il pleinement appréhender la géométrie ?

Il convient de noter, à la suite de cet exemple, que le « cas » d'Hakim est loin d'être isolé, bien au contraire.

Par ailleurs, il ne s'agit nullement de problèmes exclusivement posés par des enfants issus de plusieurs cultures, mais, avant tout, par des enfants (ou des adultes ?) interdits de séjour dans leurs diverses identités, ce qui est très différent !

De ce fait, au-delà de l'aspect « ethnique » ici évoqué, on est en droit de penser que de telles conséquences peuvent se rencontrer chez des enfants français, quelqu'en soit le milieu social, souffrant, pour une raison ou une pour une autre, d'être « assis entre deux chaises » !.

Le creussamare

Muriel est bonne élève, depuis quatre années, c'est-à-dire depuis son entrée à la « grande école ».

Mais elle n'a aucun mérite car, à en croire sa grand-mère, cela relève plutôt d'un fait génétique au niveau de sa famille.

N'a-t-elle pas dit à l'enseignante, en début d'année : « J'espère que Muriel aura de bons résultats, car j'étais moi-même bonne élève et ma fille aussi ! ».

Sans doute s'agit-il d'un caractère chromosomique, transmis de mère en fille ?

Toujours est-il que Muriel se doit de maintenir cette solide réputation.

Elle présente, de ce fait, toutes les caractéristiques du bon élève.

Capable, si on le lui demande, d'écrire une rédaction racontant une promenade en forêt avec son grand-père, même si elle n'a jamais mis les pieds en forêt et qu'elle n'a pas de grand-père.
Enfin tout, quoi !
La bonne élève, sous tous rapports.
Dans la même classe se trouve Landry, enfant africain venant d'une région où le langage utilisé est le « skap »*.
Landry est francophone mais, inutile de préciser que son accent très particulier, hachant les mots, syncopant les phrases, fait très vite de lui la risée des autres.
Dès qu'il ouvre la bouche pour parler, les rires fusent.
Dépossédé ainsi de tout langage, Landry, au fil des semaines, se tait, devient agressif...

Que faire ?

Un beau matin, durant un cours de français, Muriel s'exclame :
« J'ai trouvé un mot à la Landry ! »
De quoi s'agit-il ? Landry, jusque-là interdit de mots, est fort intéressé par « la chose » !.
Muriel explique :
« C'est le mot creussamare ! ».

* *« Skap » : langage basé sur la rythmique, permettant la transmission par percussion.*

Elle nous montre la photo d'un renard affiché au mur et renchérit :
« Le renard, c'est une bête formidable ! Mais c'est dommage qu'elle s'appelle Renard ! Parce que ça gratte, ça se faufile, ça creuse... On va appeler ça un « creussamare » ! ».

Elle ponctue son discours par des gestes. A plat ventre, elle rampe, elle gratte... comme un creussamare.

Landry, très concerné, branche sa rythmique sur la « danse des creussamares ». S'ensuit, durant des semaines et des mois, une recherche de mots que les enfants nomment « mots qui font bouger le ventre ! ».

Un nouveau rapport au langage est né dans le groupe. Il y avait jusque-là la tonalité et le sens des mots, il y a maintenant, grâce à Landry, chef d'orchestre, le rythme en plus.

Il ne s'agit plus de lire presque les bras croisés, « bien comme il faut », mais, peu à peu, les enfants apprennent à vivre leur lecture, physiquement, joignant la tête et le ventre !

Landry n'a plus besoin d'être agressif, ni de se taire, il a trouvé une monnaie d'échange : Muriel et le clan des « bons élèves » apportent le vocabulaire, lui et d'autres le mouvement.

Et tout le monde progresse (Muriel nous expliquera plus tard qu'elle en avait assez des mots qui « venaient de sa tête » !).

Alors, et alors seulement, Landry peut expliquer aux autres différents usages et traditions de son pays. Par exemple, comment les enfants jouent, chez lui, à imaginer un animal à partir d'une couleur.

L'explication doit être excellente, car tous les enfants comprennent. Deux exceptions, cependant : l'Institutrice et moi-même, ne parvenant ni l'un ni l'autre à saisir exactement la technique de Landry, malgré les efforts répétés de l'ensemble des élèves pour nous mettre sur la voie !

Peu importe ! Ils sont tous sur la même longueur d'ondes, c'est l'essentiel.

Ils décident alors de monter, pour eux, une pièce de théâtre, basée sur les transpositions de couleurs en animaux.

Un drap bleu arrive sur scène, c'est un cheval qui galope. Le blanc lui succède, c'est (vous l'avez deviné ?) un poisson !

Un après-midi, lors des répétitions, le père d'une des élèves vient participer à la classe.

Lui-même professeur de lycée, il est très intéressé par ce qu'il voit et, stupéfait, demande à l'enseignante : « C'est très intéressant ! Par quel moyen avez-vous pu faire passer les enfants du « concept » de couleur au « concept » d'animaux ??? ».

Bien difficile de répondre ! Surtout lorsque l'on n'a soi-même, rien compris !

L'Institutrice bredouille quelques mots... insistant sur le fait qu'il s'agit d'un travail pédagogique étalé sur l'année, délicat à résumer en une phrase, etc...

Coup de chance, Landry a entendu la question ! Lui et ses coéquipiers, munis de tissus bariolés, s'efforcent d'expliquer la technique au pauvre père qui, au même titre que nous, en est toujours au même point après la troisième tentative des enfants.

Là encore, ils renoncent ! Ils ne vont tout de même pas perdre leur temps avec des adultes qui, décidément, ne comprennent rien à rien !

C'est alors qu'il nous a été possible, sans honte, de rassurer le visiteur en lui confiant que nous étions maintenant trois dans le même cas et que, à partir du moment où des enfants se sentaient le droit de mettre au grand jour leurs capacités, énormément de choses pouvaient s'échanger entre eux, sans même que les adultes les comprennent et, par définition, les induisent !

ADULTES : SE METTRE EN JEU AVEC CE QU'ON EST...

« Nous aidons l'enfant à devenir adulte, mais lui,nous aide à redevenir enfant ».

Olivier Marc, Psychanalyste

La relation adulte/enfant

« L'adulte ne stimule le développement de l'enfant
que de façon indirecte, en créant les conditions affectives
nécessaires à l'éveil de ses diverses fonctions.
Bien sûr, il arrive que l'adulte marque la progression de l'enfant
par des félicitations verbales, mais chaque enfant
doit se sentir accepté, apprécié,
sans aucune performance spectaculaire ».
Judith Falk, Directrice de l'Institut Loczy à Budapest.

La cervelle d'agneau

Ce matin, dans la crèche, le débat est houleux. Thème : faut-il servir de la cervelle d'agneau aux enfants ?

La question n'est pas de savoir si ce plat est bon ou non pour eux, mais, plus précisément, si la vue de la cervelle est supportable pour le personnel.

Les positions sont tranchées : une bonne moitié des employées de la crèche affirme adorer ce met, l'autre moitié ne veut pas en entendre parler, éprouvant un profond dégoût à l'idée même de manger de la cervelle.

D'un commun accord, une expérience est tentée. Les enfants de la crèche sont répartis en deux groupes distincts avec, pour « serveuses », d'un côté les adoratrices, de l'autre les opposantes.

Il faut reconnaître, à leur décharge, que ces dernières font de gros efforts au cours du repas.

« Mange, c'est bon ! » disent-elles avec, toutefois, une moue qui en dit long sur leur dégoût latent.

Résultat de l'opération : à la fin du repas, d'un côté les plats sont vides, le fond léché par les enfants, de l'autre il reste des morceaux de cervelle dans la plupart des assiettes.

Question : imaginez de quels côtés il s'agit ?

Les abeilles

Commençant une étude sur les écoles bruyantes, je me promène, de ville en ville, pour traquer les décibels dans les classes.

Des établissements scolaires situés en bordure de routes nationales à ceux construits près des aérodromes, le champ d'exploration est vaste !

Je croyais avoir pensé à toutes les nuisances sonores possibles, mais, un beau matin, j'en découvre une supplémentaire pour le moins inattendue !

Passant devant une classe (de cours moyen 1re année), en région parisienne, mon attention est attirée par la voix d'une enseignante, émettant des décibels qui ne laissent pas indifférent le magnétophone pendant à mon épaule.

De façon pas très avouable, je cale mon appareil entre les porte-manteaux, dans le couloir, et enregistre, ni vu ni connu, pendant près d'une heure la voix tonitruante qui, dans un premier temps véhicule un cours de mathématiques et enchaîne gaillardement sur le français, au son de « Posez vos stylos, vous écoutez la dictée !!! ». L'aiguille du magnétophone oscille dans les extrêmes.

Puis vient l'heure de la récréation.
Je suis alors bien obligé d'avouer mon forfait à la maîtresse, lui proposant d'écouter sa voix enregistrée.

Première réaction : « C'est pas moi, ça ! C'est pas possible !!! ».

Manque de chance : si ! Cette voix qu'elle ne connaît pas et supporte à peine est bien la sienne !

Au cours d'un entretien, l'Institutrice me déclare :
« En CM1, les enfants sont vraiment très énervés. En début d'année, ça va encore, mais, à partir du second trimestre, ils deviennent de plus en plus excités ! Je ne sais plus comment les tenir ! ».

Avec son accord, nous travaillons pendant deux mois avec ses élèves. But : leur faire exprimer par des textes et par des dessins, comment ils ressentent la classe, les bruits éventuels qui les dérangent, etc...

Très vite, ils prennent goût à ce jeu.

Au bout de trois semaines, Thierry, qualifié de « turbulent » se dessine.

Son portrait est frappant : autour de son corps, il a tracé une nuée d'abeilles au dard acéré qui le piquent. Il déclare :
« C'est drôle, quand Mme X, elle parle, c'est comme si j'avais des petites abeilles sur moi. Alors, je bouge pour qu'elles partent, mais elles ne s'envolent pas, et je me fais punir ! ».

De semaine en semaine, les « petites abeilles » de Thierry apparaissent, sous une forme ou sous une autre, dans les dessins de ses coéquipiers qui, tous, submergés à plein temps sous les décibels de la voix de Mme X, gesticulent, chahutent, s'agitent.

Alors... ? Disons que les « nuisances sonores » ne sont peut-être pas toujours là où on les cherche !

L'art de ne rien faire

N'Sira, jeune femme africaine employée en créche collective, a beaucoup de cordes à son arc.

Ainsi, un jour, elle décide de créer, pour les enfants, un atelier « pour ne rien faire » ! De quoi s'agit-il ?

Personne ne le sait au juste, sauf elle !
Dès le matin, elle dispose des coussins dans un coin de la crèche et s'y installe, attendant le client. Le personnel la regarde d'un œil oblique, pensant qu'elle ferait mieux de « travailler » !

Mais, très vite, les avis changent : le premier client arrive.

Il s'agit de Laurent, âgé de 2 ans environ, qui, pour des raisons à lui, est surexcité ce matin là.

Que se passe-t-il au juste, entre Laurent et N'Sira ? Toujours est-il que, sans grands discours, tous deux planent en quelques minutes, sereins, au milieu des coussins.

En d'autres circonstances, sans atelier « ne rien faire », Laurent aurait de toute évidence perturbé et agressé ses congénères.

Là, tout se passe bien. Au point que N'Sira se fait, au fil des jours, une solide clientèle !

Quelques semaines plus tard, N'Sira s'absente pour cause de maladie. Une employée qui, elle, avait envie de ne rien faire (pour son propre compte) propose de reprendre son atelier.

Mais : fiasco. Les enfants ne sont pas dupes ! Cette personne ne sait pas « ne rien faire » mais, bien au contraire, a envie qu'on lui « fiche la paix », ce qui, vous l'admettrez, n'a strictement rien à voir.

Ainsi, au bout de deux jours, faute de candidats, l'atelier est fermé.

Et il se remplit de nouveau sans problème, dès le retour de sa créatrice qui, elle, dans la gamme très vaste des activités qu'elle est en mesure de proposer, sait, également, « couper le contact » à certains moments.

Cette compétence est-elle due, chez N'Sira, à son origine africaine, de par le travail très particulier qu'elle a effectué sur le corps durant son enfance ?

La réponse est sans doute plus complexe.
Toujours est-il que savoir « ne rien faire » est un art très délicat, sans doute pas à la portée de tout un chacun, mais pourtant bien salutaire dans un milieu dit « éducatif » où l'on a parfois tendance à surstimuler les enfants (pour leur bien ?) de façon intempestive !

Peut-être conviendrait-il, d'ailleurs, d'ajouter une année d'études à la formation initiale des enseignants et des professionnels de l'enfance pour apprendre « à ne rien faire ».

Mais ceci est un autre programme... pas forcément considéré comme pédagogique !

Le bonbon rouge

Lieu de l'histoire : un IMP*, dans le sud de la France, recevant des enfants polyhandicapés qui, par ailleurs, sont hébergés au sein de familles d'accueil, du fait de leur situation familiale ou de l'éloignement de leur domicile.

Dans cet établissement, comme ailleurs, sont programmées régulièrement des « synthèses », temps au cours desquels sont effectués les bilans, en présence des professionnels de tous poils satellisant autour des enfants (psychiatres, psychologues, éducateurs, etc...).

Séances pas toujours faciles à vivre, chacun parlant quelquefois un langage incompréhensible pour les autres mais... il paraît que cela s'arrange avec le temps !

Grande première : il fut décidé que, dès la prochaine synthèse, les familles d'accueil, jusque là absentes de ces réunions, seraient invitées à participer à l'échange.

Ce qui fut dit fut fait.

Voici donc, réunis autour du psychiatre, les protagonistes au grand complet :

Intimidées, les quelques courageuses « nourrices » ayant répondu à l'invitation ne savent pas trop à quoi s'attendre.

Et la fête commence !

Un éducateur entame les hostilités.

Se tournant (non sans déférence) vers le psychiatre de service, il proclame :

« Je ne sais plus quoi faire avec Vincent, car depuis près d'un mois, il me demande sans arrêt un bonbon rouge ! ».

– Silence circonspect ! Il va sans dire que cela « pose question » !.

Le psychiatre, « interpellé », questionne :

« ... et c'est toujours à toi qu'il en demande ? ».

« Oui ! »

« ... et toujours un bonbon rouge ? ».

« Oui ! ».

– Re-silence – Les « pros s'interrogent » !

Soudain, une idée vient au psychiatre chef d'orchestre : l'assistante maternelle accueillant Vincent est présente, profitons-en pour lui poser la question ! Il s'agit d'une dame imposante, boulimique à souhait, n'ayant pas qui plus est la langue dans sa poche !

Condescendant, le médecin lui demande :
– « Et à vous, Madame, il vous en demande aussi des bonbons rouges ? ».
– « Et vouais! » dit-elle, avec un solide accent occitan.
– « Et que faites-vous ? ».
– « Pardi ! Je lui en donne !!! ».
– « Toujours ? ».
– « Ben non ! Quand je trouve que ça lui en fait trop, j'arrête !!! ».

Un nouveau silence, consterné, gagne le groupe des professionnels. Certains lèvent les yeux au ciel, signifiant visiblement : « la pauvre femme, décidément, elle ne comprend rien ! ».

Consciente de la situation, l'assistante maternelle pique un fard et, fixant le psychiatre dans les yeux, proclame :
« Eh pôvre ! Je viendrai plus à vos synthèses ! Parce que ma soupe, elle vaut bien vos électrochocs !!! ».

En une simple phrase, elle venait de résumer bon nombre de théories éducatives, à savoir que l'amour, la chaleur... offertes à un enfant sont, au moins, aussi nécessaires et « rentables » que les techniques multiples dont il fait l'objet !

* *IMP : Institut Médico-Pédagogique.*

Les radis de Nicolas

Cette crèche avait un grand projet : mettre en place un coin potager, dans le jardin. Après maints efforts, le projet est devenu réalité.

Une dizaine de mètres carrés, délimitée par un mince fil de fer, abrite maintenant salades et radis.

En compagnie du personnel, les enfants entretiennent ces cultures presque extensives.

Ce matin, toutefois, Véronique, l'éducatrice, a décidé d'y ôter les mauvaises herbes.

Sous le regard du petit Nicolas, elle franchit donc la frontière du potager et commence à arracher la végétation superflue.

Nicolas, afin de l'aider, enjambe à son tour le fil de fer et arrache... deux radis !

Véronique s'écrie :

« Non, Nicolas ! Il ne faut pas arracher. C'est très mal ! ».

Nicolas ressort du potager, penaud.

Véronique reprend son travail avec détermination, arrachant les herbes une à une.

Nicolas ne comprend pas très bien.

Il emjambe de nouveau le fil et se remet à l'ouvrage. Cette fois-ci, c'est une salade qui est victime de son ardeur, ce qui déclenche la colère de l'éducatrice.

Manu militari, elle fait sortir l'intrus du potager. Elle lui avait pourtant bien dit qu'il ne fallait pas arracher ! Décidément, ce Nicolas, il ne respecte rien !

A présent, tranquille, elle va enfin pouvoir continuer à arracher... les mauvaises herbes.

Nicolas, lui, n'y comprend plus rien !

Et pour cause !

Le mimi a lapé le lolo de Riri !

De mémoire d'enfant, l'entrée à la « grande école » n'est pas toujours facile. En ce qui me concerne, ce fut même assez laborieux, ayant raté, pour une raison de santé, les cinq premiers mois de l'année scolaire.

C'est donc en mars que, pas fier, j'entre pour la première fois dans cette classe de cours préparatoire qui sent si bon l'eau de Javel.

La maîtresse est charmante. Elle me présente aux autres, me fait asseoir au premier rang devant son bureau.

Je me sens déjà mieux !

Premier matin : dictée ! Ouf ! Mes parents m'avaient, depuis quelque temps, appris à écrire ; je ne vais pas être perdu !

La maîtresse nous énonce, d'abord, le texte. C'est : « Le mimi a lapé le lolo de Riri ».

C'est bon, ça va être dans mes cordes !

Des mois durant, je m'étais exercé, à la maison, à dessiner des « a » ronds comme le nez à Mickey, des « b » comme les oreilles à Pluto, et des « c »... en tirant un bout de langue sur ma feuille.

Prêt ! Allons-y !

La maîtresse commence !

Mais, que se passe-t-il ???

La voilà qui se met dans un état pas possible, épelant chaque lettre en écartant les bras, en écarquillant les yeux :

« ... LLLLL »... ! : elle écarte les ailes !!!

« ...eeeee »... ! : elle ouvre une bouche démesurée !!!

« meu ! : voilà qu'elle se met à crier comme les vaches, à la campagne !

« ...iiiii »... ! : ses yeux sont exhorbités !!

Ça alors ! la maîtresse qui, quelques instants auparavant avait l'air bien gentille, devient méchante sans qu'on sache pourquoi !!!

Me voilà aussi sec sous la table, on ne sait jamais !

... En fait, j'ai appris plus tard qu'il s'agissait d'une nouvelle méthode pédagogique très « gestuelle ». Les copains, présents depuis le début de l'année avaient dû être préparés, mais pas moi !

Quelle trouille j'ai eue !

Mauvais départ, en tous cas, côté dictée : sur 23 lettres, j'ai trouvé le moyen de faire 21 fautes (avec une circonstance atténuante, toutefois : dès la troisième lettre, j'étais sous la table !).

Morale de cette tragique aventure :
On peut faire supporter beaucoup de choses à des enfants, mais le tout est d'annoncer la couleur !

Les parents « moches »

Dans la classe, le débat bat son plein. Tous les élèves, âgés de 10 à 11 ans, sont en train de comparer leurs parents respectifs.

A en croire la teneur de la conversation, c'est à celui qui aura les plus mauvais !

L'un des enfants, dont le père et la mère, médecins, exercent tous deux en libéral, proclame :
« Moi, j'ai vraiment des parents moches, j'les vois jamais ! ».

Un autre, dont le père est au chômage et la mère « à la maison » lui rétorque :
« Ben les miens, ils sont encore pires, j'les vois tout le temps ! ».

En les écoutant, j'ai compris à quel point il était important, pour eux comme pour nous, de n'être pas trop « bons parents » ! Ne serait-ce que pour donner à nos enfants les moyens de pallier nos déficiences !

Femme et mère

J'ai rencontré, l'an dernier, une femme extraordinaire : elle était femme, mère, travaillait et lisait le journal !

Rien de bien extraordinaire à cela, me direz-vous ? J'en conviens, en soi.

Mais ce qui est singulier, c'est le lien qu'elle établissait entre ces quatre fonctions.

Elle m'a dit :

« J'exerce depuis près de dix ans un métier qui me passionne, et, depuis trois ans, je suis maman d'une petite fille.

Or, ce qui m'étonne, c'est que souvent, en parcourant le journal, j'ai comme une impression bizarre.

En effet, il m'est possible d'y lire quelquefois que je suis une femme libre, moderne, puisqu'ayant un emploi captivant me conduisant à gérer une budget, à rencontrer des personnes fort intéressantes, etc...

A la lecture de tels articles, je me sens valorisée, confiante.

Mais, fréquemment, quelques pages plus loin, dans le même journal, je peux lire, implicitement, au sein d'un article sur la famille, qu'une « bonne mère » (?) reste chez elle pour élever ses enfants !

Il ne s'agit peut-être que d'une impression, mais je vous assure que ce n'est pas encore bien simple de faire cohabiter, dans la tête d'une femme qui travaille à l'extérieur de son domicile, les deux idées ! Et pourtant... ! ».

Culpabilité, mode d'emploi

Comment devenir parent coupable ?
Ce thème mériterait, à lui seul, un livre entier, expliquant par le détail les meilleures méthodes en vigueur.

Toutefois, faute de temps, certaines techniques de base peuvent nous permettre, à peu de frais, de nous culpabiliser, seul ou en famille.

Quelques exemples, parmi les plus efficaces :

1. *Lire de nombreux ouvrages sur l'enfance.* De préférence ceux dont les titres évoquent une surstimulation précoce, tels que : « J'apprends à lire à mon bébé », « Tout se joue avant la maternelle », etc...

On peut, grâce à de telles lectures, se rendre compte d'emblée de tout ce que l'on a raté !

2. *Comparer notre enfant avec d'autres* du même âge, ou encore, s'il s'agit d'un second enfant, avec le premier.

Il est à noter que cette deuxième éventualité est toujours efficace, nous permettant de nous culpabiliser soit par rapport à notre aîné, soit par rapport au petit dernier, donc à coup sûr !

3. *Lire avec application les âges inscrits sur les boîtes de jeux.*

Deux cas se présentent alors :

• soit que notre enfant, âgé de 4 ans, ne réussit pas les puzzles prévus pour 3 ans.
La culpabilité est alors immédiate.

• soit que, toujours âgé de 4 ans, il utilise brillamment les jouets destinés aux enfants de cinq ans.

Dans ce cas, il ne nous reste plus qu'à trouver dans notre entourage un loupiot âgé de 3 ans maîtrisant avec brio les mêmes jouets.

4. *Se croire pas assez « disponible » pour notre enfant.*
Il suffit, pour cela, de confondre qualité de l'échange et durée de ce même échange. Chacun sait, bien sûr, que l'important dans la relation avec un enfant, tient plus à la qualité qu'à la durée, et qu'une communication dense,

riche, peut être au moins aussi constructive en quelques minutes que des heures ternes passées côte à côte.

Mais, en oubliant simplement ce point, on peut, sans grande difficulté, se culpabiliser de travailler, d'avoir à accomplir différents travaux ménagers, d'être fatigué le soir, etc...

5. *Ecouter attentivement les remarques que certains enseignants ou professionnels émettent sur notre enfant.*

Surtout s'ils nous disent qu'il est beaucoup moins « mûr » que les autres, qu'il n'ose pas s'exprimer à l'oral, etc...

D'une façon générale, pour se culpabiliser pleinement en tant que parent, on peut souvent compter sur l'école.

Disons, sur certains enseignants, mais, hélas, pas sur tous, car bon nombre d'entre eux se mettent maintenant à vouloir valoriser les enfants !

Pour devenir parents coupables il faudra donc, parfois, malheureusement chercher ailleurs !...

En tout état de cause, il est toujours utile de dresser au plus vite la liste des erreurs commises par nos parents, pour ce qui est de notre propre éducation. Vous savez, comme moi, combien la liste est longue.

Cet exercice nous permet, entre autres, de varier les bévues d'une génération sur l'autre, donc d'innover dans ce domaine.

D'autant que ce ne sont pas les erreurs qui manquent ! Il n'y a que l'embarras du choix !

Toutefois, cette dernière technique présente un inconvénient : celui de nous permettre de constater que, malgré toutes les fautes de nos parents, nous ne sommes pas si mal que ça !

Donc, par extension, de nous rendre compte que, bien loin d'être parfaits, nos parents ont fait ce qu'ils pouvaient, avec les moyens du bord, et que c'est déjà beaucoup !

Mais, au fait, cette règle est peut-être aussi valable pour nous ?

Les rapports professionnels parents

La réunion de parents

Un ami m'a récemment confié avoir été, aux yeux des enseignants, « bon parent » une seule fois dans sa vie ! Cela s'est passé lors de l'entrée de son petit Damien, âgé de trois ans, à l'école maternelle.

L'Institutrice avait, en début d'année organisé une réunion de parents, un samedi matin.

Sa femme et lui s'y rendirent.

La maîtresse, d'entrée de jeu, fit asseoir les rares participants aux tables des élèves. « Rares » car, en effet, peu de familles avaient répondu à la convocation.

Elle les félicita d'autant, insistant sur le fait que, dès l'école maternelle, « les parents ne s'intéressent pas à la classe et désertent les réunions ». « Ce sont toujours les mêmes qui viennent ! Merci d'être là ! »...

De fil en aiguille, arpentant la salle, l'Institutrice entreprit de leur expliquer l'importance de l'école, des apprentissages, etc...

Coincé dans sa table trop petite, écoutant aussi attentivement que possible « le cours de la maîtresse », mon ami trouva vite la situation bizarre.

Il eut comme l'impression de ne pas être pris pour un adulte. Comme la réminiscence de quelque chose qu'il aurait vécu en tant qu'enfant, dans les mêmes conditions.

Soudain, sa vessie lui joua un sale tour. Il fallait de toute urgence la soulager.

Que faire ? Lever le doigt en demandant la permission de sortir ?

Se contenter de descendre dans la cour sans rien dire ?

Il opta pour cette seconde solution.

L'enseignante, craignant qu'il ne revienne pas, se montra fort inquiète en le voyant ouvrir la porte.

Elle reprit confiance, cinq minutes plus tard, lorsqu'il pénétra de nouveau dans la classe.

La réunion continua.

Mais il ne revint pas aux suivantes.

Allez savoir pourquoi ?

La maman de Marcello

Nouveauté, cette année, dans la classe Cours Moyen 2ème Année : l'Institutrice fait savoir aux parents qu'en accord avec l'Inspecteur ils peuvent venir, quand ils le veulent, s'asseoir parmi les enfants, dans la journée.

Quelques semaines plus tard, Marcello, d'origine italienne, demande si sa maman peut participer à la classe, le lendemain.

Aucun problème.

Elle vient. Dès le matin, la maman de Marcello s'installe au fond de la salle.

Elle parle très peu le français. Jusqu'à l'heure de la récréation, elle tricote sans rien dire.

L'Institutrice ne sait comment réagir, comment « intégrer » cette femme qui, faute de quoi, risque de s'ennuyer!

Vers dix heures, Marcello remercie l'enseignante au nom de sa mère et demande si elle peut revenir une autre fois ?

La semaine suivante, nouvelle visite de la dame, durant tout un après-midi.

Même silence de sa part. Un second tricot a pris le relais du premier.

L'Institutrice est de plus en plus désarmée.

Peut-être a-t-elle froid, chez elle ?

Non, vérification faite, son appartement est très bien chauffé ?

Alors... ?

Au fil des mois, les séjours de la maman de Marcello dans la classe se répètent très régulièrement, avec le même rituel, le même silence, les mêmes remerciements.

La maîtresse finit par se faire une raison, sans trop comprendre !

Vers le mois d'Avril, aucune visite de la dame pendant près de cinq semaines. Quelque chose de bizarre se passe alors : les enfants s'inquiètent de cette absence, s'enquièrent de la date de sa prochaine visite... comme si un équilibre avait été rompu.

A partir de cet instant, un constat semble évident : de par sa seule présence, sans avoir en apparence agi, la maman de Marcello s'est mise à faire partie du groupe, constituant un des éléments de ce fil tenu reliant enfants et adultes dans le cadre de la classe.

A travers quelle alchimie ce lien s'est-il établi ? Nous le cherchons encore !

Le vieux Léon

Faisant des recherches sur le matériel de jeu fourni aux enfants, je suis, un jour, contacté par les habitants d'une localité du Sud-Ouest. Leur demande est centrée sur l'école : enseignants et parents veulent y créer, avec les élèves, des instruments de musique « innovants ». Ils ont besoin d'idées.

Nous décidons de passer trois jours ensemble, sur place.

Dès le premier matin, les suggestions vont bon train. Cependant, pour ma part, connaissant très peu les réalités culturelles régionales, je reste somme toute assez « traditionnel ».

Vers midi, nous sortons sur la place du village. Assis sur un banc, un « vieux » aux mains noueuses, couvert d'un large bérêt, nous guette du coin de l'œil. C'est Léon !

Il me lance :

« Eh, Boudu, qu'est-ce que vous venez faire avé les enfants de l'école ? ».

Je lui explique le projet...

Le vieux Léon s'anime !
« Pôvre, quand j'étais gosse, on avait pas besoin de tout ça ! Avé Roger, avé Marcelle... quand c'était la saison des maïs, on fabriquait des claquettes, quand c'était la cerise... ».

Voilà-t-y pas qu'il me décrit, en quelques secondes, un orchestre fabuleux, fabriqué avec les ressources du lieu, facile à réaliser par les enfants eux-mêmes, et variable avec les saisons !

Je demande à Léon si ses copains d'école sont toujours vivants ?

Question superflue puisque, du haut de leurs « soixante et quinze ans », ils se préparent tous à devenir centenaires !

Et, l'après-midi même, l'atelier musique dans l'école, prend un aspect inattendu :
cinq septuagénaires, à quatre pattes au milieu des enfants, dirigent les travaux.

Deux jours plus tard, sur les tables de la classe s'étalent des dizaines d'instruments de musique, extrêmement variés, élaborés avec les moyens du bord. Et quels moyens !

Parents et enseignants, dans leur volonté de « recherche innovante », avaient pensé à tout... sauf à demander de l'aide et des idées au vieux Léon, sur le banc d'en face, et pourtant !

La même odeur

Marianne est psychologue.

Dès le troisième mois de sa grossesse, se bagarrant dans la jungle des inscriptions d'enfants au sein des structures d'accueil, elle finit par obtenir une place en crèche familiale, près de son domicile.

Son futur bébé ira donc chez une assistante maternelle. Marianne est heureuse à cette idée.

Six mois plus tard, c'est à Stéphanie qu'elle donne naissance.

Toutes deux passent de longues semaines à se découvrir et puis, un beau jour, il faut bien reprendre le travail !

Marianne a rencontré la « nourrice » à plusieurs reprises avant.

Il s'agit d'une grosse dame très sympathique qui lui rappelle un peu sa mère, à la fois chaleureuse et sécurisante.

Tout se présente donc pour le mieux.

La première journée, pour Marianne, est bien sûr difficile.

Comment ne pas décrocher le téléphone tous les quarts d'heure ? Mais Stéphanie a tellement de chance d'être accueillie, dans son quartier, par une assistante maternelle attentive !

A 17 H, à peine son dernier dossier refermé, elle court « récupérer » sa fille, le cœur battant.

Quel moment fabuleux, ces premières retrouvailles ! La « nourrice » s'empresse de lui confirmer que tout s'est très bien passé, que sa petite a bien mangé, dormi, n'a pas pleuré...

Cependant, au même instant, un morceau de vie se déchire dans le cœur de Marianne. Elle croyait avoir pensé à tout à propos du fait de confier Stéphanie à une autre femme, mais, soudain, le ciel lui tombe sur la tête : « son bébé » n'a plus la même odeur !

Il lui faudra sans doute des mois pour se remettre de ce drame, pour supporter l'idée « d'abandonner » quotidiennement sa fille à une étrangère et, de toute évidence, la plaie ne sera pas près de se refermer totalement !

POST-FACE :

Comment conclure un tel mélange hétéroclite d'anecdotes venues de tous horizons, et est-ce bien nécessaire ?

Peut-être est-il souhaitable, toutefois, de souligner que le seul but de ces pages est de montrer l'ambiguité de toute « vérité » dans le domaine de l'éducation.

Nous avons tous des idées sur ce qui est bon ou non pour les enfants, mais celles-ci ont au moins deux points communs :

- *elles sont toutes les meilleures.*
- *aucun d'entre nous ne partage totalement les points de vue des autres sur des questions telles que :*

– Le danger : doit-on éliminer tout danger de l'environnement des jeunes enfants ou, au contraire, leur permettre de prendre des risques calculés ?
– La sexualité, du moins sur les manifestations extérieures de celle-ci.
– Les rythmes de vie et d'apprentissage imposés aux enfants.
– Les structures d'accueil : – un enfant de deux ans est-il mieux à la crèche ou à l'école maternelle ?
– une assistante maternelle est-elle préférable à une crèche collective ?...
– L'acquisition des règles morales, de la politesse...

... etc... etc...

Autant de questions, et bien d'autres, sur lesquelles nos avis d'adultes divergent, chacun d'entre nous étant persuadé, à juste titre, d'être « dans le vrai ».

Ce livre, à travers des exemples contradictoires et contestables, a donc eu pour seul objet d'alimenter nos réflexions sur les besoins des enfants, sur ceux de leur famille et des professionnels qui en ont la charge.

Une chose est sûre : miser sur la qualité des environnements des jeunes enfants se doit d'être une priorité qui, de toute évidence, s'avère à moyen terme « rentable ».

Bien évidemment, cette qualité se paye, supposant de la part des pouvoirs publics de donner aux uns et aux autres (parents et professionnels) les moyens d'accomplir aux mieux leur tâche.

Mais serait-il judicieux, à l'échelle sociale, d'économiser à ce niveau, tenant compte du fait qu'il ne s'agit pas là d'une dépense mais, avant tout, d'un

INVESTISSEMENT ?

... **et en prime :**

LE P'TIT CAUSE.

Si un enfant avait eu à écrire ce livre,
il aurait sans doute abordé différemment les thèmes
qui y sont soulevés.
Dans ce cas, cet ouvrage aurait pu, peut-être, prendre
la forme des pages qui suivent....

Puisque c'est ça, j'joue plus !

Ouf ! Noël est passé ! Les pères Noël des grands magasins n'ont plus qu'à se réinscrire à l'ANPE – Repartis pour un tour !

Nous, maintenant, on va pouvoir jouer. Surtout dès que les jouets seront cassés, c'est-à-dire dans pas longtemps.

Bien sûr, on va être un peu obligés de s'en servir pour faire plaisir à la famille ? Mais, heureusement, contrairement à ce que prétendent les notices des catalogues, ils ne sont pas si incassables qu'on le croit, loin de là ! Donc, bientôt, à nous la liberté !

On jouera peut-être avec l'air du temps, à renifler l'odeur des poireaux qui cuisent dans la marmite ?

Peut-être aussi avec les fissures du plancher qui, vues de près, ressemblent drôlement à des canyons du Colorado ?

On jouera à rien faire, ou à traîner notre grippe au bout d'une ficelle, quand on sera mal fichus.

On jouera à mentir pour de vrai et à se taper dessus.

On jouera à avoir peur et puis à écouter, planqués au fond d'un placard, les cris des adultes qui croient qu'on est perdus ?

On jouerait aux loups et puis toi tu serais le gangster et puis tu tuerais tout le monde pour rigoler, et puis on te mangerait, et puis on boierait une limonade en la faisant couler sur notre tee-shirt pour que ça colle, et puis...

On jouerait à toucher notre zizi pour faire de la rigolade ! Mais pas trop, parce que y a un grand qui nous a dit qu'on devenait sourds à force de faire « la chose » !

Et puis on irait à la crèche ou à l'école maternelle.

Là, c'est du sérieux, parce que y a des adultes qui « savent » jouer. C'est leur métier.

Il va falloir nous accrocher.

Ils tiennent tellement à ce qu'on « fasse des progrès » (comme ils disent) qu'ils nous en font faire, des choses !

C'est pas juste : eux, ils font rien ! C'est toujours nous qu'il faut qu'on leur fasse des beaux dessins et de la musique et grimper sur des échelles et plein d'autres machins... !.

Ils nous expliquent des tas de trucs.

Heureusement qu'on comprend pas tout, sinon on serait rudement fatigués dans la tête !

Et puis ça fait drôle, parce qu'on a comme l'impression qu'ils ont un peu peur de nos parents.

Ils disent toujours entre eux que nos parents, ils viennent jamais les voir travailler, mais quand nos parents ils viennent et qu'ils restent trop longtemps ça fait des fois comme s'ils avaient pas le droit d'être là ?

Même qu'on a comme l'impression que nos parents aussi ils ont peur d'eux, parce que nos parents, du coup, ils croient qu'ils savent pas jouer, parce qu'ils ont pas fait des études pour, qu'ils sont pas toujours « disponibles » (c'est un mot à eux, ça !), etc...
Enfin, ça fait comme s'ils avaient tous peur les uns des autres !
Nous, on voudrait bien les aider, parce qu'on les aime bien tous !
On voudrait leur dire :
« C'est normal, vous vous causez pas vraiment ! ».
Mais c'est pas facile.
On a un peu la trouille de pas les mettre à l'aise. Et peut-être même qu'ils auraient encore plus peur, après ? Et ce serait pire !

Moi, quand même, j'aime bien l'école et puis je l'aime pas, parce qu'on peut même pas pleurer et avoir peur ?
Si je l'aime, c'est à cause des copains.
Même qu'y en a un qui parle pas et qu'a deux ans un quart.
Il parle pas, sauf à nous, même qu'on rigole bien !
C'est juste aux grands qu'il parle pas, quoi !
Une idée à lui.
Il nous a dit qu'il leur parlerait le jour de ses trois ans, histoire de faire une chouette surprise à tout le monde quand y aura le gâteau et la grand-mère qu'on aura été chercher en taxi.

Sauf peut-être plus tôt si ses parents veulent l'emmener chez le psychiatre. Parce que ça, lui, y veut pas !

Ma maman, elle a lu l'autre jour dans le journal que « tout se joue avant trois ans ». Et moi, j'ai deux ans alors je suis en plein milieu.

Pas de temps à perdre, qu'elle a dit, ma maman !
Puisque tout se joue avant trois ans, plus il va apprendre de choses, plus tôt il les apprendra, et mieux il sera plus tard ! Il faut absolument le stimuler !

Oh la la ! C'était plus de la rigolade quand elle a lu ça dans le journal !
On a vite filé aux magasins acheter des « jeux éducatifs ».
Le marchand il a dit à maman :
« C'est pour un garçon de quel âge ? ».
Deux ans, qu'elle a répondu.
Il s'est gratté la tête et puis il lui a donné une boîte rouge et bleue.
Mais maman, elle a dit non pas celle-là, parce qu'il a deux ans mais il est très en avance pour son âge, alors donnez-moi une boîte pour quatre ans.

Et puis les jeux, c'est un peu comme les pantalons, il vaut mieux les prendre plus grands, ça fait de l'usage !
Alors le marchand il lui a donné une autre boîte, verte et jaune.
C'est dommage, j'aime bien le bleu !
A la maison, après, j'avais plus le droit de traîner dans la cuisine, à cause des accidents des domestiques.

Il fallait que je reste dans ma chambre, avec ma boîte verte et jaune.
Maman, elle m'a dit que si je réussissais tout dans la boîte elle m'achèterait une télévision électronique qui cause et que je pourrais rester tout seul pendant des heures à jouer avec ma télévision électrique qui cause, si j'étais sage !

Finalement, elle devait pas plaire à maman, ma boîte, parce qu'elle y jouait jamais !

J'aurais préféré une boîte qu'elle aime, pour qu'elle joue avec moi, même un peu ! Ou même pas une boîte ?

Peut-être seulement quelque chose qui lui plaise à elle et qu'est pas un jouet ?
Mon papa, son métier, c'est sikologue. C'est parce que, dans son travail, il fait de la siko.

Un jour il a dit à maman, même que j'étais là :
« Il ne faut pas lui raconter n'importe quoi sur la façon dont naissent les enfants, ça peut le traumatiser ! ».

Après, il m'a fait asseoir et il m'a tout expliqué. Avec de jolis dessins.
Le monsieur il a un zizi et la dame aussi, sauf qu'elle en a pas... ! Enfin tout, quoi !

Il m'a parlé aussi d'une fée.
La fée Tusse. Mais je ne voyais pas ce qu'elle venait faire dans toute cette histoire ?
C'était d'un compliqué !
Après, papa il avait l'air d'aller mieux, il s'est frotté les mains.
Le lendemain, j'en ai parlé aux copains. Et c'est là que j'ai tout compris.
Y a un grand il m'a tout dit !
En fait, c'est très simple : les garçons ils naissent dans les choux et les filles dans les roses.

Décidément, je ne vois pas ce que la fée Tusse elle vient fiche avec son balai et son bouton plein de poils sur le nez au milieu des choux et des roses !
Enfin !

Ce soir, je le dirai à papa. Il va en faire une tête, quand il va voir que maintenant je sais vraiment tout ?
Mais peut-être que je lui dirai pas.
Je vais lui faire croire que je sais pas tout.
Comme ça, il attendra que j'en cause, parce que souvent il dit à maman :
« Il faut laisser les enfants s'exprimer ! ».
Mais je lui dirai pas.

Surtout qu'en ce moment, papa, il a plein de soucis. Parce que l'autre jour il a lu un livre d'un bonhomme, il s'appelle Jean Epstein.

Et depuis, papa, y a une phrase qu'il a lue dans le livre et qui le turlupine. C'est :

– « Le Jeu n'est pas forcément le Jouet.
Le Jeu est une relation, le Jeu est vie.
Tout Jeu est un langage, or un langage n'existe que si quelqu'un y croit ».

Vous voyez d'ici le niveau !!!

Pourvu qu'il y pense pas trop, papa, à la phrase,
sinon il va se taper une de ces migraines !
Mais je vais essayer de l'aider un peu,
parce que je l'aime bien !
Et puis, le bonhomme qu'a écrit la phrase,
moi je le connais, on a joué ensemble, une fois,
à quatre pattes, à la crèche.

En réalité, ce qu'il veut dire, c'est seulement :
« Laissez-les souffler ! ».

« A nous la maternelle ! »

Eh ben ça y est ! Adieu la crèche ! Maintenant je suis un grand ! Mais je préfère vous dire que ça n'a pas été sans mal ! J'ai dû apprendre à marcher, à causer, à manger tout seul. A faire pipi comme il faut et, comme j'étais doué, j'ai même appris à faire quand j'avais pas envie ! Sans me vanter, c'est fort ! Vous n'avez qu'à essayer, vous verrez bien !

Les « taties », elles étaient très fières de moi, même que ma maman et mon papa aussi. Ils m'ont dit : maintenant, tu vas pouvoir aller à la maternelle, pour travailler sérieusement.

Moi, j'avais un peu l'impression que je travaillais déjà depuis le début et que c'était un sacré boulot !
Mais il paraît que non. Ça commence à la maternelle, alors... !
Alors, j'y suis allé. J'avais tout juste deux ans.
C'est pas beaucoup, deux ans, vous savez ? Parce qu'on a beau, vu de l'extérieur, être un grand gars ou une grande fille de deux ans, on n'est quand même qu'un petit être humain de vingt quatre mois et, de l'intérieur, je vous assure que ça fait pas des masses !

Même que certains jours, on a rudement envie de redevenir bébé. Alors on le fait, quand c'est possible.
Et les grands aussi, ils le font. Sauf que pour eux, c'est encore moins possible ?

Mon papa et ma maman, ils étaient pas bien d'accord, au départ.
Mon papa, il voulait m'y mettre, à l'école, parce qu'on y trouve des écoliers et que, d'après lui, plus ils y vont tôt, plus ils font des choses et plus ils sont intelligents dans la vie !

Alors que maman, elle, voulait plutôt que j'y aille parce que ça s'appelait « maternelle » et qu'il y a plein de coussins douillets et des quatre-heures, même le matin !
Finalement, ils sont quand même tombés d'accord, vu que ça s'appelle les deux.
Pourtant, ça a pas l'air pareil ?
Enfin, me voilà à l'école maternelle, c'est l'essentiel pour eux !
Mais, pour moi, dès le premier jour, ça a été la surprise : j'étais chez les « grands », à la crèche ; on m'avait dit : « maintenant que tu es très grand, tu vas aller à l'école »... et voilà que je me retrouve chez les « petits » !
Ça fait tout drôle !
D'après les copains, c'est une question d'habitude !

Au début, j'ai pleuré, c'est normal ! C'est parce que papa il m'avait prévenu, il m'avait dit il faudra pas pleurer.

Aussitôt, y a une dame très gentille elle est venue me consoler et elle m'a expliqué que je reverrais mon papa à « onzeur ». C'est quoi, « onzeur » ? Je sais pas, mais je lui ai pas dit !

Enfin, j'ai arrêté de pleurer parce que la dame elle sentait bon l'eau de javel* et puis elle était grosse et moi j'aime bien !

J'étais rudement content de plus pleurer parce que ça fait grand et que je suis un homme et que les hommes ça pleure pas, c'est seulement les femmes, d'abord !

Mais y avait un autre homme avec moi il continuait à pleurer et il avait deux ans aussi.

Alors la dame qui sent bon elle a été le consoler et il s'est arrêté. Après, il faisait la tête et il lui a crié : « C'est pas juste, ici on peut même plus pleurer ! ». Décidément, il en faut pour tous les goûts !

A l'école, il y a des maîtresses. Elles sont très chouettes et nous on les aime. Mais seulement à l'école. Parce que, pendant les vacances, papa et maman ils se sont disputés parce que papa il avait une maîtresse et maman elle voulait pas qu'il l'aime. Mais c'était pas à l'école, alors !

La dame qu'est grosse, c'est pas une maîtresse, c'est une « assaime »*. Je sais pas ce que c'est une « assaime », pourtant y en a plusieurs dans l'école. Pourvu que ça soit pas une maladie !

En tous cas, c'est rudement dommage qu'on joue pas plus souvent avec elles parce qu'elles sentent plein de bonnes odeurs de cuisine et de savon.

Elles s'occupent quand même de nous quand on veut faire pipi et qu'on sait pas bien tout seul. Alors il faudra que je fasse pipi souvent quand c'est la grosse dame qu'est là ! Et peut-être même caca, ça durera plus longtemps !

Maman aussi elle pleurait le premier jour de l'école, mais en cachette. Elle disait qu'elle avait ses yeux qui lui piquaient, à cause du rhume. Mais elle avait pas de rhume !

Le soir, à la maison, elle a dit à papa qu'à l'école il faudrait que les maîtresses elles améliorent « la queuille » des enfants et des parents, et que ça serait drôlement plus facile pour partir au travail.

Je savais même pas que j'avais une « queuille » et que mes parents aussi ils en avaient une ! Mais sans doute que maman elle a raison, il faudrait l'améliorer, comme ça peut-être qu'elle n'aurait pas envie de pleurer, après, en partant, et moi non plus ?

Si je serais le Président de la République ou bien un chef policier, j'obligerais les maîtresses à mettre des jolies couleurs et des musiques qui plaisent à maman pour sa « queuille », et puis des fleurs et puis des salles pas trop grandes avec des fauteuils où on pourrait s'asseoir à deux ou trois ou à plus, et puis des tas

* *pour les érudits : hyposulfite de sodium.*

* *ASEM : anciennement nommées « femmes de service ».*

de choses que maman elle leur dirait si elles lui demandaient et même que moi je pourrais leur dire aussi, d'abord !

Je le jure sur sa tête que j'en dirais des choses aux maîtresses, pour sa « queuille », pour ma « queuille » et pour qu'on pleure plus jamais, même en dedans !

Et puis si je serais le Président de la République, je demanderais que papa il puisse venir quand il veut dans la classe, pour de vrai !

Pas seulement pour des réunions ou quand on lui demande mais quand ça lui prend, quand il a quelque chose à dire aux autres enfants, par exemple.

Parce que mon papa il sait faire plein de trucs et même planter des clous droit et faire rigoler avec des grimaces... !

Mais la maîtresse, elle dit aux autres maîtresses que les parents ils veulent rien faire dans l'école et qu'ils viennent jamais aux réunions, à part quelques uns, même quand y a des gâteaux et des films de cinéma et que c'est à désespérer ?

Moi, je l'ai entendue !

C'est vrai, papa il est venu qu'une fois et puis il est plus revenu parce qu'il a dit qu'il s'y sentait pas bien.

Pas vraiment bien, quoi !

Il dit plein de choses pour expliquer qu'il veut plus venir dans la classe et aussi qu'il peut pas y mettre ses jambes sous la table parce que c'est trop petit !
Pourtant, qu'est-ce que c'est immense, là-dedans !
Avec des plafonds que je les vois même pas !
En arrivant, je savais pas trop où j'étais. Pourtant on m'avait prévenu.

On m'avait dit : dans l'école, y a des classes et une cour et un pré haut.
Chouette, un pré, que je me suis dit ! Je vais pouvoir me rouler dans l'herbe et chercher des fourmis et plein d'autres bêtes !
Mais y avait pas de pré !
Ou alors il était très haut, parce que je l'ai pas vu du tout !
Et des bêtes non plus !
C'est parce qu'à l'école les bêtes ça donne des maladies et des accidents.
C'est seulement en images, qu'on les voit. Ça fait drôle : le chat, il est aussi gros que la vache, sur les dessins !

A la maison, mon chien Titou il donne pas de maladies.

Je joue avec, chez mon papa et ma maman, et ils prennent des photos de nous.

Mais, à l'école, c'est pas pareil ; mes parents ils veulent pas !
Y a juste un poisson rouge, dans la classe. Il est sur une étagère, pour pas qu'on l'attrape ! Alors on l'attrape pas. Mais on le voit pas vraiment non plus, parce que nous qu'on est tout petits on est pas assez grands pour le voir toujours. C'est seulement de temps en temps.

Je voudrais bien venir avec Titou, à l'école, pour le faire montrer aux autres.
Et puis aussi amener des choses de chez moi pour mettre sur les murs de la classe.
Comme ça, ça ferait des jolies couleurs et on croirait que c'est une maison et alors ça serait pas grave si les murs ils seraient partout pareils, dans l'école, par en

dessous les choses que j'amènerais. Et puis je viendrais avec des photos de toute ma famille et les copains aussi. Comme ça, on jouerait à se reconnaître notre famille, et nos chats et tout le reste !

Ma grande sœur, elle est chez les grands, dans l'école, avec les autres grandes sœurs.

Dans sa classe, à elle, y a des chaises et des tables toutes les mêmes et elle dit que c'est comme à la grande école, que c'est du sérieux !

Ma maîtresse, à moi, elle a expliqué aux parents que sa classe « fonctionnait en ateliers ».

Chouette, que je me suis dit, ça fait comme quand papa il part à l'atelier, le matin !

Y a un coin pour la musique, un autre pour la peinture, un coin pour le maquillage... et plein d'autres coins.

J'imaginais pas qu'il pouvait y avoir autant de coins dans une seule pièce ! Ça alors !

Y a même tellement de coins qu'on peut presque plus bouger !
Elle a pas dû penser au coin à courir, la maîtresse ? Mais peut-être que ça ne sert à rien, de courir ?

Surtout dans les coins !

Elle leur a dit aussi, à nos parents, qu'elle était « non-directive (!?). Je sais pas ce que c'est mais, en tous cas, elle avait l'air sérieuse en le disant. Elle a même ajouté qu'elle avait lu çà dans un livre !

Alors, du coup, nous, on est obligés de faire ce qu'on veut.
C'est pas toujours facile parce que y a des fois où on aimerait bien qu'elle nous demande de faire des trucs, histoire de lui faire plaisir ! Mais pas toujours ! Comme quoi y a pas de solution idéale ! La pauvre maîtresse, elle ne doit pas s'amuser tous les jours !

Surtout que, parmi nous, y en a pas deux qui veulent la même chose en même temps ?

Tenez, ce matin, je suis arrivé à l'école en ayant envie de grimper partout. Je sais pas pourquoi ! C'était plus fort que moi.

J'en ai causé avec les autres et y en a un il m'a dit qu'il aimerait faire de la pâte à sel, et une fille qui n'était pas du tout d'accord : elle voulait danser la ronde...

Finalement, on a écouté des comptines, alors pas de jaloux !

Quand même j'aurais bien grimpé sur les tables pendant les comptines, mais faut pas !

En plus, j'ai un sale défaut : j'ai toujours sommeil quand c'est pas l'heure de la sieste ! Moi, ça me prend au milieu de la matinée.

Eh ben, je vous assure que c'est pas facile ! Ni le matin, ni pendant la sieste. Parce que voilà : le matin, quand j'ai sommeil, y en a toujours ils font rien que m'embêter dans les coussins. Même que je peux vous dire qui c'est !

Et moi, j'arrive pas à bien dormir.
Après, pendant la sieste, j'ai plus sommeil du tout !

Mais là, y a pas à dire, faut pas bouger, parce que sinon ça dérange tout le monde ! Alors je fais semblant !

Quand même, je finis par trouver le temps long. Surtout quand j'ai l'envie de courir qui m'attrape !

Enfin, faut bien s'y faire, puisque d'autres copains, pour eux, c'est le contraire !

Peut-être que si y avait partout, pour les petits comme pour les grands, des pièces pour ça, dans l'école, on arriverait mieux à s'y retrouver ? Mais on peut quand même pas demander l'impossible !

Surtout que, d'une année sur l'autre, ça doit pas être pareil ! Alors s'il fallait que les maîtresses elles changent sans arrêt les meubles et tout le reste, elles s'en sortiraient pas !

Vous imaginez un peu le déménagement que ça ferait ?

Bien sûr, ça serait plus vivant, mais tout de même !

Si ça se trouve, ça serait même plus une école, à la fin !

Et faudrait inventer un autre nom !

Un truc où y aurait plus de classes, ni de pré haut (ou alors un pré pas trop haut !), ni de cour de récréation... !.

Vous voyez d'ici le tableau si les maîtresses elles se mettaient à nous faire faire de la peinture dans la cour ?

Remarquez, comme ça, on pourrait salir par terre, puisque ça serait pas grave. Mais si en plus, elles nous faisaient planter des salades et des radis... ! Et qu'on les mangerait, après ?

Et puis si elles mettaient des arbres à cerises et qu'on les mangerait aussi, les cerises ?

Et si entre les arbres à cerises y aurait des petites rivières pour jouer aux bateaux avec des bouchons ?

Et si elles construisaient des planques où on pourrait se regarder nos zizis sans qu'elles nous voient ?

Qu'est-ce qu'elles auraient peur, les maîtresses, si elles nous voyaient plus ! Elles penseraient pas tout de suite que c'est juste parce qu'on est en train de toucher nos zizis et qu'on veut pas qu'elles nous disent arrêtez de faire vos cochonneries ! Elles diraient Ah la la on en a perdu un, il a dû partir de l'école en cachette ! Ah la la qu'elles diraient ! Et elles auraient très peur. Et nous, on rigolerait bien !

Même sans ça nous on sent bien que, des fois, les maîtresses elles ont peur et nos parents aussi.

Ils s'en causent jamais, mais ça se voit !

Je crois que c'est parce qu'ils ont tous l'impression qu'ils doivent tout nous apporter.

Alors, du coup, nos parents ils pensent qu'ils sont pas « bons », et que c'est grave !

C'est marqué dans le journal !

J'ai même un copain il a des parents moches parce qu'ils travaillent tout le temps et ils les voit jamais.

Mais y en a un autre il lui a dit que les siens ils sont encore pires parce qu'ils sont au chômage tous les deux et qu'il les voit tout le temps !

Les maîtresses, elles, c'est dans les livres qu'elles apprenennent à avoir peur. Comme y a marqué, dans les livres, que « l'enseignant doit tout apprendre à l'enfant » et qu'elles peuvent pas, ça les met dans un de ces états ! Vous parlez, les pauvres !

Imaginez la maîtresse, toute seule dans sa classe avec nous, et qui voudrait tout faire !

Il faudrait qu'elle aime la peinture, la danse, la musique, la cuisine, le dessin... ; qu'elle ait pas peur de l'eau, ni qu'on tombe... !.

Enfin, ça serait un drôle de boulot !

Y aurait de quoi en mourir, ou pire !

Remarquez, nous, on s'y retrouve, parce que finalement on fait pas n'importe quoi avec n'importe qui, vous savez ?

Tenez, par exemple, si notre maîtresse elle a peur qu'on grimpe et qu'on se fasse des blessures, eh bien on s'arrange pour grimper quand elle n'est pas là !

Pour pas lui faire de mal !

En plus, je sais pas pourquoi, mais quand elle est là et qu'on grimpe, ça nous fiche la trouille !

C'est drôle, hein ?

Vous voyez, l'idéal, ça serait que les maîtres et les maîtresses ils se causent entre eux et qu'ils se disent :

« Moi, j'aime bien faire tel truc avec les enfants, toi c'est plutôt tel autre truc, alors peut-être qu'on peut s'y mettre à plusieurs et pas tout faire chacun dans notre coin ? On pourrait essayer de faire comme si l'école elle existait pour de vrai et qu'il y avait pas que des classes les unes à côté des autres, où c'est partout qu'il y a les mêmes choses qui gênent : et la musique qui fait du bruit, et la peinture et l'eau qui salissent partout... !

Alors peut-être qu'il faudrait aménager une pièce pour une chose et puis une autre pour autre chose dans l'école, et puis s'organiser autrement ? ».

... Enfin, c'est une idée qu'on a, nous autres, les enfants !

Comme ça, on s'y retrouverait encore mieux et puis ils auraient moins peur de mal faire, à plusieurs ?

Surtout qu'avec les « assaimes » en plus, ça ferait du monde !

Y en aurait des dames et des « monsieurs » qui partageraient chacun avec nous des petits machins à eux, sans trop se forcer !

De toutes façons, faut être honnête : même s'ils s'y mettaient à plusieurs on trouverait sans doute pas tout à l'école. Et heureusement, parce qu'à la maison on découvre encore d'autres choses, et puis dans la rue et puis dans l'autobus et dans tout le reste ! C'est pour ça qu'on voudrait leur dire y a pas à s'affoler, allez !

Mais on sait pas trop comment ?

En plus, ça s'arrange pas toujours, notre affaire, parce que nos parents, vu leur peur à eux, ils veulent des fois à tout prix qu'à l'école on fasse des « activités » qui se voient : de beaux dessins, de la pâte à modeler, etc...

Et que surtout ça nous « mette en avance » le plus possible ! (En avance sur quoi ?).

Alors, pour les maîtresses, c'est pas toujours facile de leur expliquer qu'on a fait des tas de choses mais que ça ne se voit pas, et qu'on va pas forcément devenir des « surdoués » plus tard grâce à elles ! Comment leur faire comprendre qu'on a simplement passé une sacrée bonne journée ensemble, et que c'est rudement important pour tout le monde ?

Du coup, les maîtresses elles nous lisent plein de livres avec des images et des lettres et des chiffres, et elles nous font répéter les noms après elles.

En un sens, c'est chouette, mais des fois on aimerait bien bouquiner tout seuls, sans elles !

Mais c'est pas toujours facile, parce qu'elles disent qu'on déchire les livres.

Et c'est vrai ! Ça aussi, on aime bien !

Tiens, une idée : si elles rangeaient en hauteur les livres qu'on ne doit pas déchirer et les autres en bas, on pourrait peut-être faire les deux ?

Faudra que j'en cause à l'école !

La semaine dernière, on a bien ri !

Y a un nouveau, dans la classe, il voulait pas mettre les mains dans la peinture pour faire des jolis dessins, parce que c'est sale.

Alors la maîtresse, elle lui a dit que c'était pas grave s'il se salissait, qu'elle le laverait.

Et puis, après, comme il savait faire pipi tout seul, elle lui a dit aussi que c'était très bien, parce qu'il était propre ! Du coup, le nouveau, il savait plus à quoi s'en tenir !

Alors il a fait pipi dans le pot de peinture et la maîtresse elle était en colère.

Elle est devenue toute rouge et puis elle lui a crié que c'était un cochon !

Il en fait, une tête !

J'ai une copine, sa maman elle vient jamais l'attendre à la sortie. C'est son grand frère qui est là. Et elle est très triste que sa maman elle vienne jamais voir la maîtresse !

Moi, ma maman, elle vient tous les jours ! Et la maîtresse elle lui raconte à chaque coup ce qu'on a fait dans la journée.

C'est pas juste, elle dit tout !

Un peu, ça va, mais trop c'est trop !

Après tout, ce qu'on fait dans la classe ça regarde un peu les parents, mais y a des limites !

Ce qui se passe avec la maîtresse, c'est entre elle et nous !

D'ailleurs, depuis que maman elle voulait plus que papa il aime sa maîtresse pendant les vacances, il lui en parle plus jamais !

Pourtant, il la voit toujours !

Même qu'elle lui a acheté une cravate et que maman elle n'était pas contente et qu'elle l'a cachée dans la poubelle !
Nous aussi, des fois, on est en colère, à l'école.
Surtout quand y en a ils font rien que nous voler ce qu'on a dans les mains !
Tenez, l'autre jour, je me suis dit je vais faire de la musique.
Bon, je prends une flûte en bois et je souffle dedans. Aussitôt, en voilà un autre qui me tombe dessus pour me la piquer. Moi, je veux pas, alors je m'agrippe à ma flûte et puis on se dispute et puis la maîtresse elle arrive et elle nous la confisque !

D'abord, je sais pas pourquoi il voulait me la prendre ma flûte, vu qu'y en a plusieurs dans la classe !

A la fin de la matinée, j'ai eu une idée. J'ai pris deux flûtes et j'ai été en porter une au copain pour qu'on joue ensemble. Ah la la ! Elle était pas bonne, mon idée ! Voilà-t-y pas qu'il me pique les deux d'un coup pour lui tout seul !

Alors là, ça allait plus du tout !
Je lui ai foncé dessus, j'ai repris les flûtes et je lui en ai donné un sacré coup sur la tête !

Sale voleur !
Mais la maîtresse elle avait pas tout vu ! Elle croyait, mais elle avait pas tout vu ! Elle m'attrape par un bras et dit que ça ne va pas du tout, que je suis « agressif » et qu'elle va en causer à mes parents et qu'il faudrait me montrer à un « sikologue » pour me faire soigner parce que je dois être un enfant « trop matisé » !
Peut-être que je suis matisé, mais pourquoi trop ?
En fait, je voulais seulement qu'on joue de la flûte à deux !
Vous avouerez que dans ces conditions y a de quoi devenir méchant !!!
Peut-être que la maîtresse elle devait mettre des gros jeux, dans la classe, pour qu'on puisse y jouer à plusieurs sans se taper dessus ?

Comme ça on ferait plein de choses ensemble, sans trop être matisés ! Juste un peu matisés, entre nous !
Et puis aussi des jeux pour tout petits et d'autres pour très grands.
Parce que, certains jours, j'ai rudement envie d'être bébé, de rester dans mon coin à sucer mon pouce ou à caresser la moquette, alors que d'autres jours je voudrais pouvoir grimper partout et casser des choses pour voir comment c'est dedans ?
Les copains, ça leur fait pareil, et ma grande sœur aussi, elle me l'a dit !
Ouf ! Ça doit être normal !
J'irai pas chez le « sikologue » !
Mais, quand même, faut avouer que c'est pas très facile, à l'école, d'être petit ou grand selon les jours !
Enfin, pas toujours... !

Ce livre est le cinquième de la collection « Enfance, Education »
dirigée par Jean Epstein.

Dans cette collection sont déjà parus :

L'Explorateur nu *(Jean Epstein, Chloé Radiguet)*
Un livre-outil destiné à tous les publics, proposant une multitude d'idées concrètes de jeux destinés aux jeunes enfants, (sans oublier ceux porteurs de handicaps), ainsi qu'un regard neuf sur le développement psychologique, sensoriel moteur... au cours des premières années de la vie.

Si nos enfants parlaient *(Jean Epstein, Sophie Moraillon)*
relate une expérience pédagogique partagée, durant une quinzaine d'années, avec des enfants de dix à treize ans, venus des quatre coins du globe.
A travers les textes écrits par ces enfants et les observations effectuées par les auteurs, c'est un nouveau regard sur l'école qui est proposé.

Silence, on crie... *(Brigitte Hinkel)*
Un livre-témoignage. Un livre-cri au sein duquel une petite fille relate sa vie, dans un village de l'Est de la France, de neuf à douze ans. A travers les violences qu'elle subit, la mort de ses parents, les fourberies des « grands », c'est un regard déchirant, incisif, d'une lucidité sans faille sur le monde des adultes qu'elle propose au lecteur de partager, à cœur ouvert.
Ce livre a reçu, en 1988, le Prix de la Fondation pour l'Enfance.

Lis-moi çà *(Françoise Cruziat, Jeannine Despinette, Emese Somody Cruiziat)*
Plus de vingt années d'expérience au contact d'enfants dits handicapés mentaux où, à travers l'usage du conte, un monde s'ouvre, à mains nues, au jour le jour, pour les enfants et les adultes qui le partagent. Un monde imaginaire et pourtant tellement réel. Les objectifs de « Lis-moi çà » sont multiples, entre autres proposer au lecteur une large sélection de livres de contes, pour grands et petits, propre à l'aider dans son cheminement.

Chacun de ces livres est illustré par Zaü
la maquette en est assurée par Claudine Combalier

Tous témoignages, réactions ou demandes de précisions de la part des lecteurs étant les bienvenus vous pouvez, si vous le souhaitez écrire à :
Jean Epstein, 124 rue Compans. 75019 Paris. France.

SOMMAIRE

Déja parus, dans la collection
« Enfance Education »
animée par Jean Epstein :

- L'explorateur nu. 1982
- Si nos enfants parlaient... 1984
- Silence on crie. 1988
- Lis-moi ça ! 1988

Achevé d'imprimer en juin 2014
par Dupli-print (France)
N° d'édition : 14199 - 6e édition
N° d'impression : 2014052481